ADAC

Schweden

von Susanne Kilimann und Rasso Knoller

10 **ADAC Top Tipps**

Das müssen Sie gesehen haben! Die zehn Top Tipps bringen Sie zu den absoluten Highlights.

25 **ADAC Empfehlungen**

Unterwegs gut beraten: Diese 25 ausgesuchten Empfehlungen machen Ihren Urlaub perfekt.

Preise für ein DZ mit Frühstück:
€ | bis 1200 SEK (110 €)
€€ | bis 2000 SEK (183€)
€€€ | ab 2000 SEK (183 €)

Preise für ein Hauptgericht:
€ | bis 100 SEK (9,13 €)
€€ | bis 150 SEK (13,70 €)
€€€ | ab 150 SEK (13,70 €)

3-mal draußen

1 Tanzende Himmelslichter

Winter ist Nordlichtzeit. Von September bis April kann man überall in Nordschweden Polarlichter beobachten. Statistisch gesehen ist die Chance die Aurora borealis zu sehen aber nirgends so gut wie in Abisko. Fernab von Städten stört hier keine Lichtverschmutzung. Wer auf Nummer sicher gehen will, nutzt Vorhersage-Apps wie »Hello Aurora«. Sie zeigen an, wo die bunten Lichter auftauchen.

▶ S. 165

2 Die Geister von Fårö

Nordöstlich von Gotland stehen wilde Gestalten in der Landschaft herum. Wirklich fürchten muss sie aber niemand, denn allesamt sind sie aus Kalkstein. Auf der vorgelagerten Insel Fårö kann man die mystischen »Raukar« entdecken, die mit etwas Fantasie an Tiere oder Ungeheuer erinnern. Aber auch ein steinernes Liebespaar findet man auf der Insel. Carl von Linné hatte die Raukar einst mit »Statuen, Pferden und allerlei Geistern und Teufeln« verglichen.

▶ S. 106

3 Suche nach Old Tjikko

Wind und Regen haben ihm zugesetzt. Der älteste »Klonbaum« der Welt ist keine Schönheit. Irgendwo auf der Hochebene des Fulufjäll-Nationalparks steht der 9500 Jahre alte »Tjikko«. Erst seit gut hundert Jahren wächst die zierliche Fichte in die Höhe. Vorher war sie wohl ein Kriechgewächs. Um den Baum vor Besuchermassen zu schützen, ist der Weg dorthin nicht ausgeschildert. Im Nationalparkzentrum Naturum kann man die Route aber erfragen oder eine Führung buchen.

■ www.sverigesnationalparker.se

Intro

Magazin

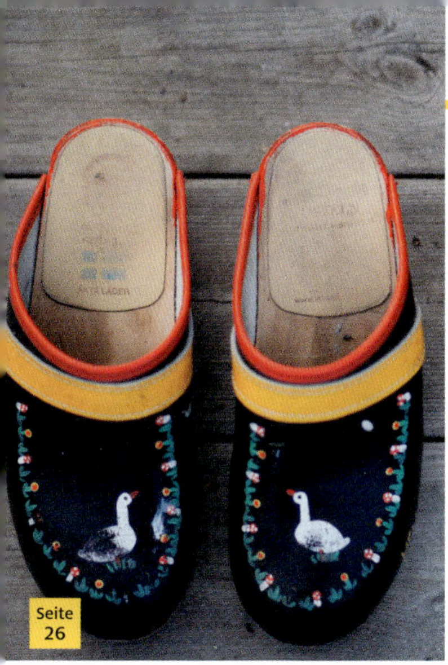

Im Blickpunkt

Unterwegs

ADAC Quickfinder

Seite 139

Seite 72

Zu diesen Orten und Sehenswürdigkeiten finden Sie Detailkarten im Innenteil des Reiseführers.

Service

Umschlag:

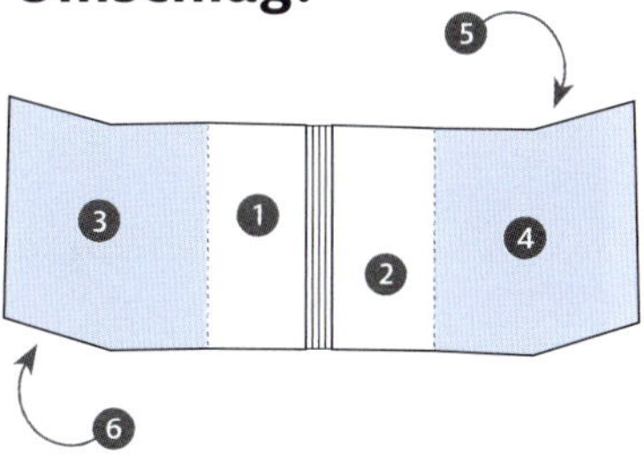

ADAC Top Tipps: Vordere Umschlagklappe, innen 1

ADAC Empfehlungen: Hintere Umschlagklappe, innen 2

Übersichtskarte Schweden Süd: Vordere Umschlagklappe, innen 3
Übersichtskarte Schweden Nord: Hintere Umschlagklappe, innen 4
Stadtplan Stockholm: Hintere Umschlagklappe, außen 5
Ein Tag in Stockholm: Vordere Umschlagklappe, außen 6

Schweden – Urlaubsglück mit roten Holzhäusern

Schweden ist eines der Lieblingsländer der Deutschen und ein Urlaub hier bietet Entspannung pur

Schwedenhäuser, gestrichen mit »faluröd«, der Farbe aus der Kupfergrube von Falun

Der Aufenthalt in schwedischer Natur senkt den Stresslevel um 70 Prozent. Das hat eine Studie im Jahr 2017 ergeben. Testpersonen fühlten sich nach drei Tagen, die sie in einem Ferienhaus auf einer einsamen Insel mit Angeln, Schwimmen und Grillen am Lagerfeuer verbrachten, extrem erholt. Das können vermutlich auch die vielen Urlauber bestätigen, die Jahr für Jahr in den Norden reisen. Für die meisten Schweden gehört der Sommerurlaub im – meist familieneigenen – Ferienhaus, der »stuga«, zum festen Jahresplan. Die gemütlichen Holzhäuser, die auch an ausländische Besucher vermietet werden, stehen oft idyllisch an einem See oder das Meer liegt gleich vor der Tür. Im fünftgrößten Land Europas muss man sich um die schönsten Plätze nicht streiten. Es gibt genug davon.

Beliebte Schweden

Kein anderes Land ist hierzulande so beliebt wie Schweden. Seine Bewohner gelten als besonders sympathisch. Das verwundert nicht, denn die Schweden haben in allen Statistiken, in denen es darum geht, »das Gute« zu messen, – oft zusammen mit ihren nordischen Nachbarn – die Nase vorne. Egal ob es

um Gleichberechtigung der Geschlechter geht, darum, wer die meiste Entwicklungshilfe bezahlt oder die meisten Geflüchteten aufnimmt, egal ob man ökologische Standards misst oder der Frage nachgeht, wo die glücklichsten Menschen leben. Die Schweden sind immer in der Spitzengruppe zu finden.

Schweden ist außerdem ein besonders sicheres Reiseziel und der Umgang der Menschen miteinander ist entspannt und freundlich. »Tack« (Danke) ist denn auch das wichtigste schwedische Wort. Schweden bedanken sich für alles. Sogar dafür, dass sich jemand bei einem bedankt. Und deswegen ist der doppelte Dank ein lächelndes »tack, tack«, etwas, das man während eines Schwedenurlaubs oft hören wird. Machen Sie einfach mit bei dieser Weltmeisterschaft im Danke sagen!

Berge und Seen

Natürlich fährt niemand allein deswegen nach Schweden, weil die Menschen hier so freundlich sind. Auch die Landschaft hat eine ganz besondere

Die »majstang« stellt man an Mittsommer auf (unten) – Mit Hundeschlitten in Schwedisch-Lappland (ganz unten)

Vielfalt zu bieten: das Tiefland im Süden, die großen Seen in der Landesmitte und hohe Berge im Norden. Die Ostsee im Osten, die Nordsee im Westen. Und dazwischen jede Menge Einsamkeit.

> *En tyst minut är en lång minut. (Eine leise Minute ist eine lange Minute.)*
>
> *Schwedisches Sprichwort*

Durchschnittlich leben in Schweden gerade einmal 23 Menschen auf einem Quadratkilometer, und je weiter man in den Norden kommt, desto weniger werden es. Es gibt also viel Platz in Schweden. Und deswegen ist es auch das perfekte Land für Aktivurlaub. Wer wandern oder langlaufen will, Kanu fahren oder radeln, findet unzählige Möglichkeiten. Selbst auf den beliebtesten Routen ist man dabei oft allein.

Es ist sehr angenehm, dass bei so viel Natur und Weite trotzdem auch eine gut funktionierende Infrastruktur und viele Dienstleistungen für Touristen vorhanden sind.

Eine schwedische Besonderheit ist das »Allemansrätten«, das Jedermannsrecht. Es erlaubt jedem, in der Natur sein Zelt aufzuschlagen, Pilze und Beeren zu sammeln und zu wandern, wohin man will. Selbst Zäune sind kein Hindernis: Sie dürfen überstiegen, Gatter geöffnet werden – vorausgesetzt, man schließt sie wieder. Im Norden dienen Einzäunungen nämlich nicht dazu, Menschen draußen zu halten, sondern das Vieh drinnen. Das Jedermannsrecht eröffnet somit viele Freiheiten, und es funktioniert deswegen so gut, weil auch die damit verbundene Verantwortung ernst genommen wird. Den Zeltplatz beispielsweise verlassen Schweden so, wie sie ihn vorgefunden haben – und das heißt ohne Müll.

Der zentrale Stockholmer Stadtteil Södermalm ist heute ein angesagtes Szeneviertel

Es gibt noch einen anderen Grund, warum viele Deutsche nach Schweden fahren: Elche. Obwohl der König der schwedischen Wälder keineswegs selten ist, bekommt man ihn nicht oft zu sehen. Schüchtern versteckt er sich im Wald. Wer auf Nummer sicher gehen will, bucht am besten eine Elchsafari. Oder tröstet sich mit einem Elchsouvenir: Der Elchaufkleber gehört schon fast verpflichtend auf das Auto eines jeden Nordlandreisenden. Verkehrsschilder, die vor Elchwechsel warnen, haben begeisterte Touristen früher leider immer wieder vom Straßenrand geklaut. Inzwischen kann man die Schilder auch kaufen.

Von der Hanse bis zur Königsfamilie

Deutschland und Schweden verbindet mehr, als man auf den ersten Blick glauben möchte. Zu Zeiten der Hanse gründeten deutsche Kaufleute ab dem 12. Jh. Niederlassungen in Schweden – in Visby auf Gotland beispielsweise, aber auch in Stockholm. Im Dreißigjährigen Krieg (1618–1648) wiederum eroberte König Gustav II. Adolf im Namen des Protestantismus mit seinen Truppen große Teile Norddeutschlands und auch des Baltikums. Stralsund und Teile Vorpommerns etwa waren bis 1814 schwedisch.

Eine besonders enge Verbindung zwischen Deutschland und Schweden ergab sich 1972 bei den Olympischen Sommerspielen in München. Die Olympia-Hostess Silvia Sommerlath und der junge schwedische König Carl XVI. Gustav kamen sich nahe. 1976 heirateten sie, und eine Deutsche wurde schwedische Königin. Auch Jahrzehnte später ist Königin Silvia immer noch der Liebling der Schweden.

Hauptstadt *Stockholm*

Amtssprachen *Schwedisch; in einigen Regionen auch Finnisch, Samisch und der Dialekt Meänkieli*

Währung *Schwedische Krone (SEK), 1 SEK = ca. 0,1 €*

Fläche *Drittgrößtes Land der EU, erstreckt sich über 450 000 km² (ein Viertel größer als Deutschland)*

Einwohner *10,4 Mio.*

Bevölkerungsdichte *23 Einwohner/km² (Deutschland 232/km²)*

Staatsform *Parlamentarisch-demokratische Monarchie, Staatsoberhaupt ist seit 1973 Carl XVI. Gustav*

Tourismus *Beliebtestes Reiseziel in Skandinavien (16 Mio. Übernachtungen/Jahr ausländische Gäste vor Ausbruch der Corona-Pandemie)*

Wirtschaft *Holz, Papier, Fahrzeug- und Elektrotechnik sind Hauptexportgüter*

Nationaler Stolz *Eishockey ist Sport Nummer 1. Wenn das Nationalteam »Tre kronor« (Drei Kronen) gewinnt, steht das ganze Land Kopf. Schlimm sind Niederlagen gegen den Erzrivalen Finnland.*

Wichtigste Vokabel *ist natürlich »tack« (danke), »hej!« heißt »Hallo!«, »hej hej« ist »Tschüss«. Man kann auch »Ha det bra!« (Lass es dir gutgehen) sagen.*

Magazin

Ein historisches Segelschiff dient Besuchern Stockholms heute als Jugendherberge: Die »Vandrarhem af Chapman« liegt im Insel-Stadtteil Skeppsholmen vor Anker. An Deck des Dreimasters aus dem Jahr 1888 bietet sich den Gästen ein fantastischer Blick auf Gamla Stan, die Altstadt der schwedischen Hauptstadt.

HOTELL REISEN

Ein Traum in Rot-Weiß: Unendlich weit weg scheinen Hektik und Lärm, wenn man die Ferien an der schwedischen Küste verbringt, irgendwo in einem der typischen roten Holzhäuschen, die – zum Glück – oft ausschließlich mit dem Boot erreichbar sind. Überall an Schwedens Küsten empfehlen sich solche Urlaubsquartiere wie hier in Kämpersvik an der Westküste.

Der Sommer versetzt die Schweden in Feierlaune. Jedes Jahr im August kommen Familien und Freunde zusammen, um »Kräftskiva« zu feiern, das Flusskrebsfest. Die Delikatesse lässt man sich in großen Mengen schmecken, am liebsten unter freiem Himmel – und bisweilen mit ziemlich viel Schnaps.

Beste Reisezeit Schweden

FRÜHLING

Der Frühling in Schweden lässt mitunter lange auf sich warten. Hält er endlich Einzug, beglückt er mit milden Temperaturen.

	März	April	Mai
Temperatur min./max.	-1° / 5°	3° / 11°	8° / 16°
Sonnenstunden/Tag	3	5	9
Regentage im Monat	12	13	11
Wassertemperatur	1°	2°	5°

Die Bedeutung der Symbole (Angaben sind Mittelwerte)

9° 18° Temperatur min./max.

Sonnenstunden/Tag

Regentage im Monat

Wassertemperatur

Das Frühjahr ist in weiten Teilen Schwedens nur ein kurzes Intermezzo. Je weiter man nach Norden kommt, desto abrupter geht die eiskalte Jahreszeit in den Sommer über. In Skåne, ganz im Süden Schwedens, zeigen sich die Jahreszeiten ähnlich wie in Mecklenburg-Vorpommern in Deutschland: Im April werden die Tage allmählich länger und wärmer, die ersten Blüten sprießen, und Laubbäume hüllen sich in zartes Grün. In Mittelschweden, das bereits zur Klimazone der Taiga zählt, und erst recht im Norden können die Seen auch im Mai noch zugefroren sein. Dann aber hat es die Natur plötzlich ganz eilig. Mitunter vergehen nur wenige Tage, bis das Eis geschmolzen ist und man sich bei angenehmen 15 °C in der Sonne aalen kann. Wie die Natur, so tauen auch die Menschen im Frühling auf. Jede und jeder will hinaus ins Freie, das lang entbehrte Licht genießen. Kaum sind die Rasenflächen von Schnee und Eis befreit, trifft man sich – erstaunlich leicht bekleidet – mit Freunden zum Grillen oder zum Kubb-Spielen, und in den Städten füllen sich die Straßencafés mit gut gelauntem Publikum, das jetzt vor allem ein Thema diskutiert: das schöne Wetter.

Innerhalb weniger Wochen steht das ganze Land in voller Frühjahrsblüte

Blauer Himmel und rote Holzhäuser – den schwedischen Bilderbuchsommer gibt es wirklich

SOMMER

Sommer in Schweden – eine magische Jahreszeit. Die Tage sind hell und lang, und das ganze Land wird zum Outdoor-Paradies.

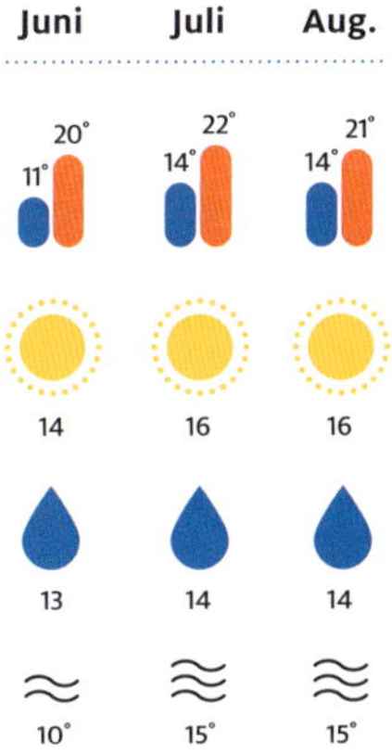

Wie sieht er aus, der typisch schwedische Sommer? Wer Schweden-Reisenden diese Frage stellt, wird ganz unterschiedliche Antworten erhalten. Die einen berichten von brütender Hitze – von Temperaturen über 30 °C – im sonnigen Lappland. Die anderen von Sommertagen in Stockholm, an denen sie selbst mit Regenjacke und dickem Pulli noch gefroren haben. Der Wahrheit entspricht beides – je nachdem, was für eine Art Sommer man gerade erwischt. Generell gilt: Im Norden sind die Sommer kürzer, wegen der langen Sonnenscheindauer aber mitunter sogar wärmer als im Süden und in der Mitte, wo das Thermometer nur selten auf Werte über 25 °C steigt. Mittsommer, der kalendarische Sommerbeginn am 24. Juni, wird im ganzen Land als Höhepunkt des Sommers gefeiert. Wenn die Sonne nördlich des Polarkreises zwei Monate lang gar nicht untergeht und in der Mitte und im Norden nach kurzer Dämmerung ein Tag in den nächsten übergeht, herrscht gewissermaßen Ausnahmezustand in Schweden. Jetzt wird intensiv und draußen gelebt, vor allem an den Wochenenden sind die Städte fast menschenleer – von Touristen einmal abgesehen. Wer kann, fährt hinaus aufs Land, tankt Licht und genießt die Natur. Baden in schwedischen Gewässern ist aber selbst im Hochsommer nichts für Zimperliche. Am wärmsten ist das Meer an der Ostküste, erreicht aber auch dort nur selten Temperaturen von 20 °C.

Herbst bedeutet reiche Erntezeit bei Schwedens Obstbauern

HERBST

Herbstzeit ist Wanderzeit: Bunt gefärbte Wälder bieten eine tolle Kulisse, und Unterkünfte sind deutlich günstiger als in der Hochsaison.

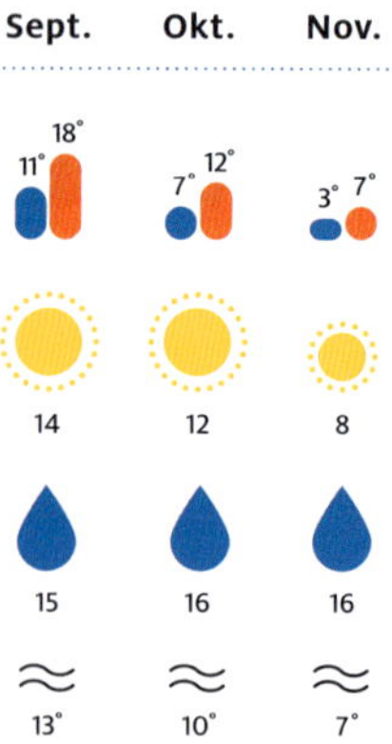

In der Mitte und im Süden Schwedens regnet es im September und Oktober häufiger als im Sommer, doch auch hier kann es immer noch sehr schöne Tage geben. Selbst wenn die Werte nachts schon unter den Gefrierpunkt fallen, kann es in den Mittagsstunden noch angenehm warm werden. Der Altweibersommer, den die Schweden »Brittsommar« nennen, präsentiert sich besonders nach frostigen Nächten in den allerschönsten Farben. Zum Wandern, Angeln und Jagen ist diese Jahreszeit ideal. Auch wer gern Pilze sammelt, hat jetzt seine Freude an schwedischen Wäldern – zumindest solange die Nächte frostfrei bleiben. Die zahlreichen Binnenseen wirken sich angenehm aufs Klima aus, geben jetzt die im Sommer gespeicherte Wärme ab und halten die Abkühlung ihrer Umgebung noch etwas auf. Warme Kleidung und wasserfeste Wanderschuhe gehören aber auf jeden Fall ins Reisegepäck – doch das gilt für einen Schwedenurlaub ohnehin zu jeder Jahreszeit. Der Herbst ist auch die Zeit der ländlichen Feste: Landauf, landab feiert man Erntedank und veranstaltet Markttage mit den Produkten der Saison. In Nordschweden geht der Sommer in aller Regel so plötzlich zu Ende, wie er gekommen ist. Bereits Ende September sind Minusgrade normal, und oft beschert der erste Kaltlufteinbruch dem »Norrland« auch schon den ersten Schnee.

WINTER

Mit knackigem Frost und einer Schneedecke von November bis März ist Mittelschweden ein Wintersport-Dorado, im hohen Norden kann man mit etwas Glück die Polarlichter tanzen sehen.

Wer einen Bilderbuchwinter in Südschweden sucht, wird möglicherweise enttäuscht, Schmuddelwetter mit einem Mix aus Regentropfen, Flocken und grauen Wolken ist durchaus typisch für die Jahreszeit. Ganz anders sieht es in der Mitte und im Norden des Landes aus, wo die Winter in der Regel kalt und schneereich sind. Wer Langlauf- oder Abfahrtski mag, Schneeschuhwanderungen, Fahrten mit dem Husky-Schlitten oder mit dem Schneemobil, kommt hier auf seine Kosten. Dunkelheit gehört auch zum schwedischen Winter. Wo Sommertage besonders lang sind, lässt sich die Sonne im Dezember und Januar kaum sehen. In Kiruna beispielsweise, der nördlichsten schwedischen Stadt, steht sie vom 10. Dezember bis Anfang Januar kontinuierlich unter dem Horizont. Das heißt aber nicht, dass es in diesen Wochen durchweg stockduster ist. Auch aus ihrer tiefen Position schickt die Sonne in der Mittagszeit einen pastellfarbenen Lichtstreifen an den Horizont, und in den Skigebieten werden Pisten und Loipen beleuchtet. Polarlichter lassen sich von September bis März beobachten. Besonders gut stehen die Chancen, das magische grüne Leuchten zu sehen, im Abisko-Nationalpark rund 200 km nördlich des Polarkreises, dort, wo es keinerlei Lichtverschmutzung gibt.

	Dez.	Jan.	Feb.
Temperatur (min./max.)	1° 4°	-2° 2°	-3° 2°
Sonne	5	3	2
Regen	17	17	13
Wasser	4°	3°	1°

Besonders in Mittel- und Nordschweden ist im Winter mit viel Schnee zu rechnen

Spezialitäten aus Wald und Meer

Wer noch nicht in Schweden war, hat in der Regel nur eine vage Vorstellung von der landestypischen Gastronomie, die aber durchaus einiges zu bieten hat. Die Natur sorgt für einen reich gedeckten Tisch.

KÜCHEN-KLASSIKER UND KREATIVE GOURMETKÜCHE

Schwedische Restaurants gibt es im Ausland nur wenige, und so erklärt sich, dass unsereins beim Stichwort Schwedenküche zunächst einmal an »köttbullar« denkt, Fleischbällchen in Soße mit Kartoffelbrei, wie man sie an den Selbstbedienungstheken der großen schwedischen Möbelhauskette bekommt. Und dann fällt einem eventuell noch das Knäckebrot ein, eine schwedische Erfindung, die es in die Supermarktregale Kontinentaleuropas geschafft hat. Dass man in Schweden auch richtig gut essen kann, wird man also erst vor Ort feststellen. Mit großer kulinarischer Vielfalt und einer Vielzahl guter Restaurants sticht die Hauptstadt Stockholm hervor. Hier stehen inzwischen Köche am Herd, die weltweit zu den besten ihrer Zunft zählen. Seit Jahren landen die Schweden bei internationalen Kochmeisterschaften immer wieder auf den vorderen Plätzen. Zu den Stars der Szene gehören Erik Lallerstedt, der Gäste im Restaurant Gondolen (www.eriks.se/gondolen) im hippen Stadtteil Södermalm verwöhnt, und Mathias Dahlgren, der im Matbaren (www.grandhotel.se), im Grand Hotel Stockholm, Gaumenkitzel auf hohem Niveau garantiert. Die Meisterköche setzen oft auf Produkte, die seit jeher zur schwedischen Küche gehören – Fisch und Meeresgetier, ganz vorn dabei Lachs, Dorsch und Steinbutt, Aal, Hummer und Krebse. Wenn Fleisch in Pfannen und Töpfe kommt, handelt es sich häufig um Rentier, Elch oder anderes Rotwild. Schweden verfügt eben nicht

Das Restaurant Gondolen in Stockholm serviert Ausgefallenes auf höchstem Niveau

Ein kulinarischer Schweden-Klassiker: »köttbullar« mit Kartoffelbrei und Soße

nur über viel Wasser, sondern auch über riesige Waldgebiete, wo Köstliches gedeiht. Doch in den Küchen der Kreativen wird natürlich nicht nur nach klassischen Rezepten zubereitet. »Crossover« ist angesagt, gern lässt man sich von exotischen Aromen, von fernöstlichen Ingredienzen und von der Küche Asiens inspirieren.

ESSENGEHEN – EIN TEURES VERGNÜGEN?

Nun hat Spitzengastronomie ihren Preis, vor allem in Schweden, wo man für Essen und Essengehen ohnehin deutlich mehr ausgeben muss als in Deutschland. Daher ist es gut, dass man in Schweden auch auf »Normalniveau« mit bester Qualität rechnen kann. Schweden lieben ihre Hausmannskost, die auf der einfachen Fischer- und Bauernküche vergangener Zeiten basiert. Dazu gehören selbstverständlich »köttbullar« und Klößchen aus Fisch (»fiskbullar«) sowie Hering und Lachs in allen Variationen. Lachs, der heutige Luxusfisch, stand einst in Schweden selbst bei »kleinen Leuten« regelmäßig auf dem Speiseplan – viel zu oft für manchen Geschmack. Es gab sogar ein Gesetz, das Arbeitgebern untersagte, den Bediensteten alle Tage Lachs vorzusetzen. Heute sind Fisch, Kartoffeln, Gemüse oder Salat die typischen Zutaten in normalen Restaurants – hier wird weniger experimentiert, dafür kocht man klassisch und gut! Urlauber, die einmal am Tag etwas Warmes essen und das Reisebudget schonen

Jeder Sonnenstrahl wird genutzt: Ufercafé in Fjällbacka an der Westküste

möchten, sollten in der Mittagszeit einkehren. Dann nämlich bieten etliche Lokale ein »dagens rätt« an, ein preiswertes Tagesgericht, für das man in der Regel nicht mehr als 10 bis 15 € (etwa 100 bis 150 SEK) bezahlt. Zum »dagens rätt« – oft stehen dabei auch mehrere Hauptgerichte zur Wahl – laden die meisten Lokale schon ab 11 oder 11.30 Uhr ein. Auch das Abendessen, das irreführenderweise »middag« heißt, nehmen die Schweden meist früh ein. Restaurants bieten es oft schon ab 17 Uhr an. Wer zu einem kleinen Menü ein Glas Wein trinken möchte, muss für das kulinarische Vergnügen am Abend aber mindestens 35 € pro Person einkalkulieren.

REGIONALE SPEZIALITÄTEN FÜR JEDE JAHRESZEIT

Viele der landestypischen Spezialitäten sind an Regionen oder an bestimmte Jahreszeiten und Festtage gekoppelt. Typisch für die Region Dalarna mit dem Bergbaugebiet von Falun ist »falukorv«, eine Wurst aus gehacktem Rind- und Schweinefleisch, Kartoffelmehl und Gewürzen. Deutsche Bergleute, die im 16. und 17. Jh. in Falun schufteten, gelten als Erfinder dieser deftigen Speise. Im Sommer freut sich ganz Schweden auf die »kräftpremiären«, den Auftakt der Krebssaison. Drei Wochen im August dürfen die kleinen Krustentiere aus den schwedischen Binnengewässern gefischt werden, und in dieser Zeit genießt man die knallrote Delikatesse mit viel Dill – und einer Menge Schnaps. Heutzutage importiert man allerdings viele Krebse aus dem Ausland. Zu Weihnachten versammeln sich

Familien und Freunde gern beim »julbord« – einem üppigen Buffet mit traditionellen Speisen. Neben Brot, das in Schweden unerwartet süß schmeckt, und Butter, die man gesalzen liebt, werden Pastete, Sülze, Heringstöpfchen und gebeizter Lachs angerichtet. Käse, Kompott und Backwaren gehören ebenfalls aufs Buffet und natürlich »julskinka«, der traditionelle Weihnachtsschinken. Mit dem ganz ähnlich angerichteten »Smörgåsbord« machen viele Schwedenreisende bereits auf dem Fährschiff Bekanntschaft. Zum Essen trinken die Schweden Wasser, Limonade oder auch »öl« (Bier). Sorten mit wenig Alkoholgehalt kann man im Supermarkt kaufen. Bier ab 3,5 % Alkohol, Wein und Spirituosen wie den berühmten schwedischen Wodka bekommt man – außer in Restaurants – nur in den Filialen des staatlichen Monopolunternehmens, »Systembolaget«.

In aller Munde

Heiß geliebt: Kaffee mit Schnecke

Schweden lieben Kaffee, in großen Mengen und zu jeder Tageszeit. Und falls Ihnen irgendjemand in Schweden mal die Frage »vil du fika?« stellt, ist dies weiß Gott keine erotische Einladung, sondern bedeutet schlicht und einfach: »Möchtest du eine Kaffeepause machen?« Dabei kommt dem schwarzen Heißgetränk durchaus soziale Bedeutung zu – gemeinsames Kaffeetrinken, mit Familie, Freunden oder Kollegen, fördert das harmonische Miteinander. Zum Kaffee wird gern genascht. Die süße Leidenschaft gehört vor allem den »kanelbullar« – Zimtschnecken. Die gibt es an jeder Ecke, beim Bäcker, in Cafés und an der Tankstelle. Auch außerhalb Schwedens hat jedes Kind, das Astrid Lindgrens »Karlsson vom Dach« gelesen hat, schon Bekanntschaft mit den süßen Teilchen gemacht. 1999 wurde sogar ein spezieller Feiertag für das beliebte Hefegebäck eingeführt. Seither feiern die Schweden am 4. Oktober den »Kanelbullens dag«.

Bei fast jedem schwedischen Kaffeekränzchen mit dabei: »kanelbullar«

Praktisch und zeitlos schick: handgefertigte Holzschuhe aus Schweden

Schweden-Design und Warmes aus Wolle

Die Skandinavier können es einfach: Mit puristischen, ebenso formschönen wie funktionalen Designs haben sie sich internationale Anerkennung verdient. Ob Mode, Möbel, Geschirr oder Schmuck – Produkte »made in Sweden« sind besonders gefragt.

TYPISCH SCHWEDEN: DESIGN UND WARME WOLLE

Weil die Auswahl an schwedischem Design im Herkunftsland natürlich besonders groß ist, lohnt sich ein Streifzug durch Kaufhäuser und Einzelhandelsgeschäfte. Achten Sie auf das Schild mit der Aufschrift »REA«, das auf reduzierte Preise hinweist. Einen guten Ruf genießen vor allem schwedische Glas- und Kristallwaren, nicht zuletzt aufgrund ihrer klaren Form und ihrer Qualität. Ware mit kleineren Fehlern, die mit bloßem Auge meist kaum wahrnehmbar sind, wird oft günstig bei Werksverkäufen der großen Hersteller (s. Glasriket, S. 103) angeboten.

Auf die Herausforderungen des zum Teil rauen Klimas haben sich die Schweden mit hochwertiger Funktionskleidung eingestellt. Warme wind- und wasserfeste Textilien kann man natürlich auch zu Hause gut gebrauchen, weshalb ein Einkaufsbummel in die Sport- und Outdoorabteilungen der Kaufhäuser und Spezialgeschäfte führen sollte. Strickwaren – dicke Pullis, Schals und Handschuhe – sind Schweden-Klassiker, nach denen man auf Märkten Ausschau halten kann, oder in einem »hemslöjd«, so heißen die Läden mit Handgemachtem, die in ganz Schweden zu finden sind, selbst in winzigen Ortschaften.

PRAKTISCHES UND SCHÖNES AUS HOLZ

Aus Holz fertigen die Skandinavier seit eh und je hübsche und nützliche Dinge – Utensilien für die Küche ebenso wie Spielwaren. Auch die »Dalahästar«, die bunt bemalten Holzpferdchen aus der Dalarna-Region, waren einst als Kinderspielzeug gedacht. Heute gehören die roten und blauen Rösser zu den beliebtesten Souvenirs und zaubern jedem Schwedenfan ein Lächeln ins Gesicht. Wer Antiquitäten mag, hat an einer sommerlichen Überlandfahrt vor allem im dichter besiedelten Südschweden viel Freude. Immer wieder entdeckt man dort Schilder mit der Aufschrift »Antik« oder »Loppis« (Trödel), die zu Märkten oder Privatverkäufen führen, wo Möbel, Geschirr, Schmuck und Schnickschnack aller Art aus vergangenen Epochen verkauft werden. Dass das Angebot ungleich größer als in anderen Ländern ist, liegt nicht zuletzt daran, dass Schweden im Zweiten Weltkrieg von Bomben verschont blieb und alte Dinge die Zeiten unbeschadet überdauert haben.

Das perfekte Souvenir

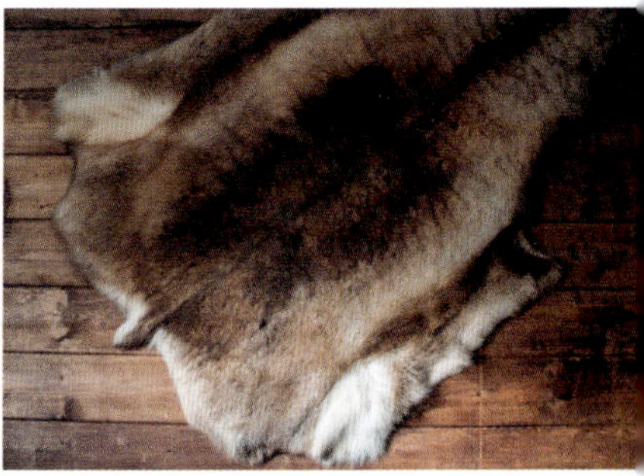

Ein Hingucker über dem heimischen Wohnzimmersofa: Rentierfell

Ein Fell – an der Wand, auf dem Boden oder lässig übers Sofa drapiert – gibt einem Wohnraum den besonderen Touch. Neben Lamm- und Ziegenfellen erfreuen sich auch **Rentierfelle** großer Beliebtheit. Diese allerdings sind nicht zum Draufsitzen oder Liegen geeignet. Denn anders als das wollige Haar vom Schaf ist das Haar der Rentiere innen hohl und bricht bei Beanspruchung schnell ab. An der Wand aber machen sich Rentierfelle gut, und jedes Stück ist mit seinem individuellen Farbverlauf ein Unikat, ein einmaliges Kunstwerk der Natur. Auf den Märkten in Schwedisch-Lappland bekommt man Felle, je nach Größe, ab etwa 50 €. Die beste Qualität haben Felle von Tieren, die im Winter geschlachtet wurden. Dann nämlich ist die Haarpracht auf extreme Kälte eingestellt und besonders dicht. Übrigens wird kein Rentier nur wegen seines Fells getötet. Rentiere, die einzige domestizierte Hirschart, sind Zucht- und Nutztiere. Sie werden auf riesigen Flächen artgerecht in großen Herden gehalten. Ihr zartes Fleisch ist eine Delikatesse, und nach der Schlachtung wird auch ihr Fell als wertvolles Naturprodukt genutzt.

Der Natur ganz nah im Lindgren-Land

Wer die Bücher von Astrid Lindgren gelesen hat, der hat einfach diese Bilder im Kopf – vom schwedischen Sommer mit fröhlichen, selbstbewussten Kindern und einer ziemlich heilen Welt mit putzigen Holzhäusern. Und es existiert wirklich, das beschauliche Schwedenidyll, das die Kinderaugen zum Leuchten bringt.

URLAUBSKASSE – GROSSE FREIHEIT KOSTET NICHTS

Ein Schweden-Urlaub bedeutet Abenteuer für die ganze Familie und schweißt zusammen. Großstadteltern werden schon nach kurzer Zeit feststellen, dass es eigentlich ziemlich wenig braucht, um die Kleinen glücklich zu machen. Es stimmt schon, Schweden ist kein billiges Urlaubsziel. Trotzdem muss ein Familienurlaub zwischen Schonen und Lappland nicht teuer sein. Ein Widerspruch? Keineswegs. Kinder legen in aller Regel keinen Wert auf Designhotels und schicke Restaurants. An langen Sommerabenden macht Picknick viel mehr Spaß. Und wie aufregend ist es erst, auf dem Campingkocher vor dem Zelt die weltbesten Pfannkuchen zu backen? Wer mag, kann diese dann sogar mit selbst gepflückten Blaubeeren garnieren. Was es sonst noch braucht, gibt's im Supermarkt. Die meisten Lebensmittel sind in Schweden nur etwa 10 Prozent teurer als daheim. Entlastet wird die Urlaubskasse auch dadurch, dass man um Freizeitparks und andere Attraktionen ganz leicht einen großen Bogen machen kann. Schwedens grandiose Natur ist der beste Abenteuerspielplatz – ganz umsonst. An Waldrändern zelten, in glasklaren Seen baden, an sandigen Ufern planschen und mit dem Kanu

Elche sind sehr scheu, sie lassen sich am besten in Tiergehegen beobachten

Mehr brauchen Familien eigentlich nicht: ein Ferienhaus mitten in der Natur

zu neuen Ufern aufbrechen – oft sind die einfachsten Dinge die besten und unvergessliche Urlaubserlebnisse keine Frage des Budgets. Elch-Beobachtungen allerdings gibt es nicht unbedingt zum Nulltarif. In freier Natur bleiben sie gerne im Verborgenen. Wer auf Nummer sicher gehen will, besucht einen Elchpark – die Eintrittspreise sind mit umgerechnet etwa 8 € durchaus moderat. Wesentlich teurer ist da schon der Besuch beim Weihnachtsmann. Für den Eintritt ins (ganzjährig geöffnete) Tomteland in Mora (www.tomteland.se), eine Art Märchen-Erlebnispark, zahlt eine vierköpfige Familie umgerechnet an die 120 €.

ÜBERNACHTEN IM SCHWEDENIDYLL

Kinderherzen schlagen Purzelbäume, wenn die Familie ihr neues Zuhause auf Zeit in Besitz nehmen kann – idealerweise ein Häuschen aus Holz irgendwo in einem Wäldchen, wo man auf der Veranda spielen und nach Herzenslust übers Grundstück tollen kann. Noch schöner wird es, wenn sogar ein »eigener« See zum Domizil gehört, mit Bootssteg, Kanu oder Ruderboot. Schwedische Ferienhäuser bieten in aller Regel so viel Freiraum drum herum, dass einem kein Nachbar zu dicht auf die Pelle rückt – gute Voraussetzungen für einen entspannten Familienurlaub. Einziger Wermutstropfen: Einem Einzelkind kann es zuweilen an Spielkameraden fehlen. Die Lösung könnte ein gemeinsamer Urlaub mit einer befreundeten Familie sein. Sie müssen ja nicht unbedingt Wand an Wand und unter einem Dach wohnen. Auf schwedischen Ferienhausportalen kann man

Mitten in Stockholm, im Inselstadtteil Långholmen, locken Badestellen zum Relaxen

benachbarte Häuser suchen (z.B. bei www.ssf-turist.se). Selbst in der Hochsaison lässt sich so ein Schwedenidyll für bis zu vier Personen – gut ausgestattet mit Sauna und Boot – für weniger als 500 € pro Woche mieten. Frühbucher (idealerweise schon im Herbst/Winter) profitieren von größerer Auswahl und Rabatten.

STRAND UND MEHR – BADEURLAUB UND SIGHTSEEING VERBINDEN

Was, wenn Mama und Papa auch mal »etwas sehen« möchten oder wenn größere Kinder im Schlepptau sind, denen es in der einsamen Natur auf Dauer »zu öde« ist? Dann können Städtetrips die Lösung sein. In Schweden lassen sich urbanes Flair, Kultur und Shopping ganz leicht mit Badefreuden kombinieren, etwa in Stockholm. Zwei Brücken führen hier auf die Insel Långholmen, die mitten im Stadtgebiet liegt und mit sandigen Buchten und Grünflächen lockt. Stockholmer Familien erholen sich hier – selbstverständlich mit prall gefüllten Picknickkörben. In Malmö fällt der Kulissenwechsel ebenfalls leicht: Schaufensterbummel, Sightseeing und anschließend geht's zum 2,5 km langen Ridersborg-Strand. Mit feinem Sand ist er zum Faulenzen, Baden und Burgenbauen gleichermaßen gut geeignet. In Karlstad am riesigen Vänernsee lassen sich Shopping, Besuche in Kneipen und Cafés und relaxte Stunden am Strand leicht unter einen Hut bringen. Und auch der sanft abfallende Sandstrand in Bomstadbaden ist schnell erreicht, ebenso – für geübte Schwimmer – die Badefelsen von Skutberget.

KULTUR FÜR KIDS – KOMM, WIR SPIELEN GESCHICHTE!

Zahlreiche Freilichtmuseen im Land laden dazu ein, die Kultur und Geschichte Schwedens hautnah zu erleben. Gärten, Äcker und über 60 historische Gebäude – das Freilichtmuseum Jamtli (www.jamtli.com) nahe der mittelschwedischen Stadt Östersund gehört zu den besten seiner Art. Das Besondere an dem Konzept: Hier beleben „Schauspieler“ die Museumswelt, bewirtschaften Häuser und Höfe, hüten Vieh, ernten Heu, flicken Zäune und fahren mit der Kutsche. Besucher sind eingeladen, selbst aktiv zu werden. Geöffnet ist das Jamtli Historieland ganzjährig, bespielt wird es von Mittsommer bis Mitte August. Im Dezember locken ein Weihnachtsmuseum und ein atmosphärischer Weihnachtsmarkt.

Leuchtende Augen

Guck mal, da kommt Pippi Langstrumpf! Und ist das nicht der Michel aus Lönneberga, der dort um die Ecke biegt? An einem Ort, an dem man den Helden der Lindgren-Bücher begegnet, möchte man am liebsten selbst nochmal Kind sein. Ein Abstecher in die Astrid Lindgrens Värld ist eigentlich ein Muss, wenn man mit Kindern durch Südschweden reist. In dem Erlebnispark in Vimmerby kann man die kleinen Helden, die Astrid Lindgrens Fantasie entsprungen sind, in Aktion erleben, unter anderem auf der Theaterbühne. Wenn Sie dem Ganzen das i-Tüpfelchen aufsetzen wollen, überraschen sie die kleinen Pippi-Fans mit einer Übernachtung in lilla Staden. Das Feriendorf nahe der Lindgren-Welt sieht aus wie Vimmerby zu Beginn des 20. Jh. Lindgren hat der Ort zu den Schauplätzen in ihren Büchern inspiriert: »Es gab die Hauptstraße und die kleine Straße, das war alles, was es gab ...«. Fragen Sie ihre Kinder! Die würden bestimmt liebend gern in Vimmerby wohnen, und sei es auch nur für einen Tag.
astridlindgrensvarld.se, geöffnet 2. Maiwoche bis Ende Aug. 10–17/18 Uhr, ab 455 SEK, Kinder (3–14 J.) ab 340 SEK

Eine Astrid-Lindgren-Welt im Miniaturfomat begeistert in Vimmerby die Kids

Wohlhabende Schweden ziehen sich dezent zurück: Sommerhaus bei Stockholm

Immer schön bescheiden bleiben

Angeber kommen in Schweden nicht gut an. Menschen, die mit ihrem Haus, ihrer Jacht und ihrem Auto protzen, werden bestenfalls belächelt, schlimmstenfalls landen sie sogar im gesellschaftlichen Abseits. Beeindrucken können sie die Schweden damit keinesfalls. Die schwedische Politik des »Volksheims« – als die Regierungen zwischen den 1930er- und 1980er-Jahren die Sozialleistungen immer weiter ausbauten – wirkt bis heute nach.

AUF DU UND DU IM LAND DES SOZIALEN FRIEDENS

Damals war es gelungen, ein Gemeinschaftsgefühl und eine beispiellose Solidarität im Land zu schaffen. Sozialleistungen wurden durch extrem hohe Steuersätze finanziert, und vor dem Staat waren alle Bürger praktisch gleich. Die flachen Hierarchien haben die Menschen geprägt, eine Gesellschaft wurde geschaffen, in der das Gefühl für das Oben und Unten weitgehend verloren gegangen ist. Seit Ende der 1960er-Jahre duzt man sich in Schweden allen Statusunterschieden zum Trotz. Auch der Ministerpräsident wird auf der Straße mit Du angesprochen und der Bankdirektor ebenfalls. Die Gleichheit hört nur beim König auf, Seine Majestät wird nicht geduzt. Titel, die man bei uns stolz dem Namen voranstellt, tragen die Schweden nicht offensiv vor sich her – ein Dr. Larsson z. B. käme kaum auf die Idee, seinen akademischen Grad auf seine Visitenkarte drucken zu lassen. Und die Titelverliebtheit der Österreicher kommt den Nordländern ohnehin dubios vor. Wer sich als Herr oder Frau Magister vorstellt, verdient keinen zusätzlichen Respekt, sondern erntet ein innerliches Kopfschütteln. Kritisieren würde ihn aber niemand – denn öffentliche Kritik ist in Schweden ebenfalls allgemein verpönt. Würde diese doch bedeuten, dass sich der eine über den anderen erhebt.

In Unternehmen setzt man Neuerungen nicht durch Anweisungen von oben durch, sondern durch lange Diskussionsrunden, bei denen jeder Mitarbeiter »mitgenommen« werden soll. Erst wenn alle Beschäftigten in einer Firma mit der Neuerung leben können, wird sie auch eingeführt. Wer eine neue Arbeitsstelle in Schweden antritt, sollte sich deswegen hüten, Kritik an den vorgegebenen Strukturen zu üben und Veränderungen – auch wenn es Verbesserungen sind – einzufordern. Was in Deutschland als engagiert gilt, erscheint den Schweden als arrogant. Erst allmählich darf man Veränderungen anstoßen, aber auch nicht in Form von Kritik, sondern als Anregung zur Diskussion im Kollegenkreis.

Etwas förmlicher bitte: Nur die Königsfamilie darf in Schweden nicht geduzt werden

Auch für Reiche gilt: Radfahren gehört in Schweden zum guten Ton

BESCHEIDENHEIT IST NICHT NUR EINE ZIER

Heute gibt es jedoch auch in Schweden mehr Reiche als früher, und die ärmeren Bevölkerungsschichten sind angewachsen. Der rigorose Wohlfahrtsstaat hat schon lange ausgedient, die Sozialleistungen wurden beschnitten, die Steuern (ein wenig) gesenkt. Die Sozialdemokraten, die einst den schwedischen Sozialstaat so erfolgreich aufbauten, haben ihn auch wieder demontiert. Geblieben aber ist eines: Reich darf man inzwischen sein, zeigen aber sollte man es nach wie vor nicht. Während der mitteleuropäische Multimillionär angeberisch mit dem Ferrari in der Firma vorfährt, ist sein schwedisches Pendant nach wie vor mit der Monatskarte oder dem Fahrrad unterwegs. Auch wer erfolgreich ist, muss im Drei-Kronen-Reich bescheiden bleiben. »Du sollst nicht glauben, dass du etwas Besonderes bist«, ist ein Spruch, den man oft im Land hört. Selbst Leute, die es in ihrem Beruf zu Weltruhm gebracht haben, tun gut daran, zu Hause in Schweden Bescheidenheit zu demonstrieren. Wenn sich ein berühmter Sportler brav in die Schlange vor einer In-Bar einreiht, ein Manager erzählt, wie er zu Hause ein Ikea-Regal aufgebaut hat, oder ein hochdekorierter Schriftsteller sagt, er habe doch nur seine Gedanken aufgeschrieben, dann kommt das gut an. Bescheidenheit ist in Schweden eben weit mehr als nur eine Zier.

BEKANNTE SCHWEDEN MIT GROSSER KLAPPE

Deswegen ist Zlatan Ibrahimović, einer der weltbesten Fußballer und einer der größten Angeber überhaupt, in seinem Heimatland auch höchst umstritten. Dem in Malmö geborenen Sohn bosnischer und kroatischer Eltern widmet das schwedische Fernsehen immer wieder ganze Diskussionsabende, in denen sein arrogantes Verhalten häufig als völlig unschwedisch dargestellt wird. Eine andere Fraktion feiert ihn als Hoffnung für ein Land, das im Durchschnitt zu versinken drohe. Denn, so die Argumentation, dort wo die Gleichheit aller das Ideal ist und es verpönt ist, stolz auf die eigene Leistung zu sein, wird Außergewöhnliches immer die Ausnahme bleiben. Für die Ibrahimović-Befürworter ist der Stürmer der fleischgewordene Protest gegen das »Lagom«-Denken (s. u.). Immerhin befindet sich Schwedens erfolgreichster Fußballer aller Zeiten in guter Gesellschaft – auch die vermutlich berühmteste Schwedin, Pippi Langstrumpf, war alles andere als zurückhaltend. In den 1990er-Jahren galt Pippi vielen als schlechtes Vorbild für die schwedischen Kinder. Zu wenig angepasst und zu individualistisch war die freche Göre. Damals schrieb der Kommentator einer bekannten schwedischen Tageszeitung: »Der Pippi-Kult hat in höchstem Maße schädliche Auswirkungen auf die Schul- und Kindergartenkinder in Schweden. Die Anbetung von Pippi hat in den Schulen und Familien alles auf den Kopf gestellt, was bisher als normales Verhalten galt.«

Fußballer Zlatan Ibrahimović übt sich selten in schwedischer Bescheidenheit

»Lagom« – Schweden in einem Wort

Müsste man Schweden mit nur einem Wort beschreiben, würde man wohl das Wort »lagom« wählen – »gerade recht«, »passend« oder »nicht zu viel und nicht zu wenig« lautet in etwa die deutsche Übersetzung. Eigentlich beschreibt das Wort einen Zustand, der für den gemeinen Mitteleuropäer nicht weiter von Bedeutung ist: Mittelmaß. Anders als bei uns ist eben dieses Durchschnittliche in Schweden positiv besetzt. »Lagom« steht daher auch für das Lebensgefühl in einem Land, in dem Protzerei und das egoistische Streben nach Erfolg verpönt sind. Das Wort gilt als Synonym für entspanntes Leben ohne Stress – und genau deswegen findet man in unseren Buchhandlungen derzeit einiges an esoterischer Ratgeberliteratur mit Titeln wie »Lagom – Die schwedische Art der Achtsamkeit« oder »Lagom – Der schwedische Weg zum Glück«.

Mörderisches Schweden

Was ist nur los mit den Schweden? Überall wird grausam gemordet. Im südschwedischen Ystad werden regelmäßig Leichen an den Strand geschwemmt, und Menschen grausam auf Pfähle gespießt. Auch auf der scheinbar so friedlichen Insel Gotland wird gemetzelt und gemeuchelt. Und in den Großstädten Göteborg und Stockholm kann man sich ohnehin nicht mehr sicher fühlen. Selbst im hohen Norden, in Kiruna, wartet hinter jeder Ecke der Sensenmann. Glücklicherweise passieren all diese Verbrechen nur in den schwedischen Krimis!

SCHWEDISCHE SCHREIBTISCHTÄTER

Das Land ist also keineswegs so mordlustig, wie es ein Blick auf die Bestseller-Listen vermuten lässt. Erstaunlich ist es aber doch, dass sich gerade das friedliche Schweden in den vergangenen Jahren zum Krimizentrum des Kontinents entwickelt hat. Als Henning Mankell am 5. Oktober 2015 in Göteborg im Alter von 67 Jahren starb, war sein Werk bereits in über 40 Sprachen übersetzt und seine Bücher hatten sich weltweit mehr als 40 Millionen Mal verkauft. Deutsche Fernsehzuschauer kennen seinen Kommissar Wallander, auch wenn sie nie einen seiner Krimis in Händen gehalten haben. Kaum ein Tag vergeht, an dem nicht auf irgend-

Tatort oder ländliches Idyll? Schwedens Landschaften bieten beste Krimi-Schauplätze

einem Kanal eine der vielfach verfilmten Wallander-Geschichten zu sehen ist.
Stieg Larsson verkaufte von seiner »Millennium«-Trilogie – auf Deutsch erschienen die Krimis unter den Titeln »Verblendung«, »Verdammnis« und »Vergebung« – 82 Millionen Exemplare. Verfilmt wurden die Bücher zunächst mit der charismatischen Noomi Rapace in der Rolle der Lisbeth Salander. Als man in Hollywood merkte, was für einen perfekten Filmstoff Larssons Bücher abgaben, legte man nach und brachte »Verblendung« mit Daniel Craig und Rooney Mara in den Hauptrollen auf die Leinwand.
Von seinem Ruhm bekam Larsson nichts mehr mit. Als sein erstes Werk 2005 auf dem schwedischen Markt erschien, war er bereits ein Jahr tot – verstorben im Alter von nur 50 Jahren an den Folgen eines Herzinfarkts. Kollegen und Freunde beschrieben Larsson als Workaholic, der wenig aß, die Nächte durcharbeitete und 60 Zigaretten am Tag rauchte.

Leider sehr früh verstorben: Bestseller-Autor Stieg Larsson

Neben den beiden viel zu früh verstorbenen Megastars der schwedischen Kriminalliteratur steht die Konkurrenz ein wenig zurück. Doch auch Liza Marklund, Håkon Nesser, Leif G. W. Persson, Åsa Larsson, Anna Jansson, Åke Edwardson und Arne Dahl produzieren Beststeller am laufenden Band. David Lagercrantz versuchte sich an Fortsetzungen der »Millennium«-Serie. In »Verschwörung« und »Verfolgung« griff er Larssons Stil auf und entwickelte die Geschichte weiter. Obwohl echte Larsson-Fans einen Bogen um die Bücher seines »Imitators« machen, landeten Lagercrantz' Bücher in Deutschland auf den Spitzenrängen der Bestsellerlisten.

FASZINATION DER GEGENSÄTZE

Darüber, warum schwedische Krimis so beliebt sind, gibt es viele Theorien. Einige Literaturwissenschaftler glauben, dass der Reiz des Gegensätzlichen die Krimis aus dem Land so beliebt macht – der Gegensatz nämlich zwischen der brutalen Gewalt und einer friedlichen Gesellschaft, in der die Menschen in unberührter Natur und freundlichen Städten leben. Gerade die brutale Zerstörung der Idylle mache den Reiz der meisten

Maj Sjöwall und Per Wahlöö gelten als Erfinder des sozialkritischen Schweden-Krimis

Schwedenkrimis aus. Andere glauben eher das Gegenteil: Die Dunkelheit im langen schwedischen Winter, die gespenstischen Wälder und die angsteinflößende Weite machten die Kriminalromane aus dem Land so gruselig und damit so populär. Für Henning Mankell hatte die Popularität der Schwedenkrimis eher banale Ursachen. Der britischen Zeitung »The Independent« sagte er: »Einer der Gründe muss purer Zufall sein. Der zweite könnte sein, dass ich als Antrieb fungierte: Mein Erfolg hat andere inspiriert. Erinnern Sie sich an den Tennisspieler Björn Borg? Vor ihm hatte Schweden nur wenige gute Tennisspieler. Anschließend hatten wir plötzlich zahllose.«

PIONIERE EINES KRITISCHEN STILS

Ein weiterer Grund für den schwedischen Erfolg findet sich in der Geschichte der schwedischen Kriminalliteratur. Die ersten bedeutenden Krimiautoren im Nachkriegsschweden waren Maj Sjöwall und Per Wahlöö.

Wie viele schwedische Autoren engagierte sich Henning Mankell in sozialen Projekten

Das Ehepaar schickte zwischen 1965 und 1975 ihren Kommissar Beck auf Spurensuche in den Abgründen des Wohlfahrtsstaates. Das Besondere: Nie ging es nur um die Aufklärung eines Verbrechens, sondern immer auch um Gesellschaftskritik, allerdings stets leicht lesbar und ohne erhobenen Zeigefinger. Diese Tradition haben die meisten schwedischen Autoren aufgegriffen. Hennig Mankell und Stieg Larsson engagierten sich auch in der Realität sozial. Mankell baute in Maputo, der Hauptstadt Mosambiks, ein professionelles Theater auf, das er bis zu seinem Tod leitete. Stieg Larsson engagierte sich leidenschaftlich im Kampf gegen den Rechtsextremismus.

Stieg Larsson: Morde vor der Haustür

Stieg Larsson, der berühmte Autor der »Millennium«-Trilogie, wohnte im Stockholmer Stadtteil Södermalm, und genau hier spielt auch der Hauptteil der Handlung seiner Kriminalromane. Angeblich spazierte der Schriftsteller mit seiner Lebensgefährtin Eva Gabrielsson regelmäßig durch die Straßen, immer auf der Suche nach geeigneten Schauplätzen für seine Geschichten. Eingefleischte Larsson-Fans können oft schon an den Beschreibungen in den Büchern erkennen, welche Szene wo stattgefunden hat. Wer die Details aus den Krimis nicht so gut kennt, schließt sich einer Führung an, die im Übrigen bereits als weltweit beste Literaturtour ausgezeichnet wurde, oder kauft sich den »Millennium«-Stadtplan, auf dem die Orte der Handlung eingezeichnet sind (erhältlich im Mittelaltermuseum, Strömparterren 3, in den Buchhandlungen Kartbutiken, Mäster Samuelsgatan 54, und St. Pauls, St. Paulsgatan 24, im Stadtarchiv, Kungsklippan 6, und im Stadtmuseum, S. 73). Die interessanten Touren auf Englisch finden immer montags, mittwochs und freitags um 16 Uhr statt.

Schauplatz der »Millenium«-Trilogie: Bellmansgatan 1

toursofstockholm.com/tour/the-millennium-books-tour

Das ganze Land im Sommerfieber

»Midsommar« – so heißt auf Schwedisch die Zeit, in der die Tage nicht enden, wenn nördlich des Polarkreises die Sonne gar nicht untergeht und auch im übrigen Land die Nacht nur ein paar dämmrige Stunden dauert. Dann sprießen in weiten Teilen des Landes Blumen, und die Natur zeigt sich von ihrer schönsten Seite.

Diese Zeit wird von den Schweden sehnlichst erwartet, groß gefeiert und versetzt das ganze Land in einen Ausnahmezustand. Die Städte sind menschenleer, das öffentliche Leben steht quasi still. Wer die Möglichkeit hat, nimmt sich frei, verbringt die Tage der Sommersonnenwende auf dem Land und tauscht sein Apartment in der Stadt gegen das Häuschen am See. Viele Städter kehren erst Wochen später zurück, denn an »Midsommar« fängt für einen Großteil der Schweden der fünfwöchige Sommerurlaub an.

Kalendarisch vollzieht sich die Sommersonnenwende auf der nördlichen Erdhalbkugel am 21. Juni – gefeiert wird stets an einem Samstag. Wenn also der 21. auf einen anderen Wochentag fällt, ist der darauffolgende Samstag der Feiertag. Am Freitag davor, dem Mittsommerabend, schmückt man in geselliger Runde das Haus, holt Blumen von der Wiese und bindet Kränze. Denn üppiger Blumenschmuck für den Kopf ist für Mädchen und Frauen jeden Alters das wichtigste Mittsommeraccessoire. Am Mittsommerabend pflücken junge Damen außerdem sieben verschiedene Wildblumen und legen sie unter das Kopfkissen. Im Traum, so heißt es, erscheine ihnen dann der zukünftige Bräutigam. Die Chancen, dem Zukünftigen zu Mittsommer in der Realität zu begegnen, standen früher recht gut, wenn die Jugend aus verschiedenen Dörfern zusammenkam und bis in die Nacht hinein tanzte.

Das klassische »Midsommar«-Accessoire: kunstvoll gebundener Blumenkranz

Heute feiern die meisten Schweden Mittsommer im Kreis der Familie oder mit Freunden. Vor

Der Tanz um die »midsommarstång« ist ein uraltes Ritual zur Sommersonnenwende

allem in der mittelschwedischen Dalarna-Region, in den Orten am Siljansee, gibt es öffentliche Mittsommernachtsfeste mit Trachtentänzen, lokalen Musikanten und blumengeschmückter Mittsommerstange. Und wo gefeiert wird, da gibt es auch ordentlich was zu essen. Zu Mittsommer lassen sich die Schweden traditionell Hering und Dillkartoffeln schmecken. Die Hersteller von Heringskonserven machen in der Mittsommerwoche sage und schreibe ein Drittel ihres Jahresumsatzes. Zimtschnecken dürfen auf dem Mittsommerbuffet genauso wenig fehlen wie frische Erdbeeren. Auch Alkohol fließt reichlich. Bier und Wodka begleiten die deftigen Speisen, und immer, wenn man sich mit Hochprozentigem zuprostet, wird lauthals eines der altbekannten Trinklieder angestimmt.

Wohin zum Mittsommerfest?

In den Touristenbüros erfahren Sie, was in Ihrer schwedischen Urlaubsregion zu »Midsommar« auf die Beine gestellt wird und wohin ein Ausflug lohnt. Besonders groß wird in Svärdsjö, etwa eine halbe Autostunde von der UNESCO-Welterbestadt Falun, gefeiert. Der ganze Ort macht mit, und Besucher sind herzlich willkommen. Auch im Stockholmer Freilichtmuseum Skansen kann man einen traditionellen »Midsommar« erleben, mit Volkstanz, Trachten und typischen Delikatessen.

Nur noch selten in traditioneller Tracht: die Ureinwohner Nordschwedens

Schweden und seine Sami

Wer an Lappland denkt und noch nie dort gewesen ist, hat Bilder von Rentierherden im Kopf, von Nomadenzelten und Hirten in bunten Trachten. Mit der Realität haben solche Vorstellungen nicht mehr allzu viel zu tun. Ganz verschwunden ist das alte Kulturgut dennoch nicht.

Die Mehrheit der Menschen, die in den nördlichsten Breiten Schwedens (und der Nachbarländer Norwegen, Finnland und Russland) leben, wohnt in ganz normalen Häusern, geht In der Regel gewöhnlichen Berufen nach, schlüpft morgens in Jeans, Anzug oder Businesskostüm. Doch zu besonderen Gelegenheiten und zur Freude der Touristen legen die Sami – so nennen sich die indigenen Bewohner Lapplands – traditionelle Kleidung an, spannen Rentiere vor ihre Schlitten und stimmen uralte eintönige Lieder, die »joiks«, an. Auch Rentierzüchter gibt es noch, wenngleich die heutigen Herdenbesitzer das Gewerbe oft nur noch als Nebenjob betreiben und den Tieren mit Motorschlitten hinterherrasen. Dass die Sami heute wieder stolz auf ihr kulturelles Erbe sind, kann als Errungenschaft gefeiert werden. Die Rettung der alten Kultur kam quasi in letzter Minute. Jahrhundertelang wurden die indigenen Einwohner vom schwedischen Staat sozial benachteiligt, und richtig schlimm wurde es gegen Ende des 19. Jh.: Die schwedische Mehrheitsgesellschaft degradierte die ethnische Minderheit im Norden rassenideologisch. Für Sami-Kinder wurden Nomadenschulen eingerichtet. Dort war das Sprechen der eigenen Sprache streng verboten – was die Kinder von ihren Eltern, die nicht Schwedisch sprachen, entfremdete. Zu vollwertigen Bürgern wollte der Staat die jungen Sami aber auch nicht heranziehen: In den Schulen wurde ihnen Lesen, Schreiben und Rechnen beigebracht, aber längst nicht genug, um in der schwedischen Gesellschaft zu bestehen. Verbesserungen kamen erst durch den 1956 gegründeten Nordischen Samenrat, der seither die Interessen der Sami vertritt. Doch es dauerte Jahrzehnte, bis die Angehörigen der Minderheit ihren Landsleuten ohne Minderwertigkeitsgefühle gegenübertraten. Dass sich heute die Zahl der in Schweden lebenden Sami nicht genau beziffern lässt – Schätzungen reichen von 90 000 bis 140 000 –, hat auch mit der langen Unterdrückung zu tun. Viele Sami waren in der schwedischen Gesellschaft einfach »untergetaucht« und verschwiegen aus Scham selbst den eigenen Kindern ihre Herkunft. Heute sind die Sami in der schwedischen Gesellschaft gleichberechtigt, zu Konflikten kommt es aber immer wieder, etwa wenn es um Ausbeutung von Naturressourcen in Lappland geht.

Samischer Silberschmuck

Traditionelle samische Handwerkskunst hat heute wieder Konjunktur – bunte Strickwaren und fachgerecht gegerbte Rentierfelle gehören zu den Souvenirs, mit denen sich Touristen aus dem In- und Ausland während einer Reise nach Lappland gerne eindecken. Hoch im Kurs steht auch samischer Silberschmuck, wie er schon seit Jahrhunderten von den Menschen im hohen Norden geschmiedet wird. Typisch sind Silberarmbänder in Flechtoptik und Kettenanhänger, die Figuren und Symbole aus der Lebenswelt und der Mythologie der Sami zeigen. Bären und Rentiere tauchen in diesen filigranen Kreationen auf, aber auch Götterfiguren und Schamanentrommeln – und immer wieder die Sonne.

Kunstvolle samische Schmiedearbeiten gelten als begehrte Souvenirs

Von den Wikingern zum Wohlfahrtsstaat

Die Wikinger sind als plündernde Horden verschrien, und spätestens mit Gustav II. Adolf wurde Schweden zur europäischen Großmacht. Im Dreißigjährigen Krieg sorgten schwedische Truppen in den Nachbarländern für Angst und Schrecken. Dagegen zählt Schweden heute weltweit zu den Ländern, die am längsten im Frieden leben – schon seit über 200 Jahren war das Land an keiner kriegerischen Auseinandersetzung mehr beteiligt.

WIKINGER – MEHR ALS NUR METZELNDE SEEFAHRER

Der Mensch orientiert sich an Daten und Zahlen und deswegen beginnt die Wikingerzeit offiziell am 8. Juni 793 und endet am 25. September 1066. So jedenfalls wollen es die Historiker, die zwei militärische Daten als Begrenzungspfeiler wählen. Das erste Datum markiert den Wikingerüberfall auf das irische Kloster Lindisfarne und das zweite die Niederlage des Wikingerkönigs Harald des Strengen in der Schlacht von Stamford Bridge in England. Aber natürlich sind die Wikinger nicht an einem bestimmten Tag vom Himmel gefallen und an einem anderen wieder verschwunden. Dass man die Daten zweier Schlachten verwendet, um die Ära der Wikinger einzugrenzen, sagt vor allem etwas über unser Wikingerbild aus. Wir sehen sie heute als mutige und ständig kämpfende Krieger, die von ihrem Entdeckerdrang getrieben meuchelnd durch die Welt segelten. Das ist aber nur ein kleiner Teil der Wahrheit. Der Begriff »Wikinger« bezeichnet genau genommen nichts anderes als den seefahrenden Teil

Rune auf einem Felsen bei Sigtuna, einem wichtigen Handelszentrum der Wikinger

Die Insel Björkö bei Stockholm beherbergte einst eine Wikingersiedlung

des nordischen Volkes. Auch damals gab es schon Handwerker, Bauern, Händler und Künstler (sehr gute sogar) – und all die verschwanden nach 1066 nicht einfach, lediglich der »Beruf« des plündernden Seefahrers war für das Volk aus dem Norden unattraktiv geworden, weil die feindlichen Städte immer besser befestigt wurden.

Hinzu kommt, dass die Wikinger nie eine homogene Einheit bildeten: Zum Beispiel stammten die Nordmänner, die das Kloster Lindisfarne überfielen und anschließend die Schlacht von Stamford Bridge gegen die Truppen des englischen Königs Harald II. verloren, aus Norwegen. Die schwedischen Wikinger waren dagegen vor allem im Ostseeraum und in Russland unterwegs und verfolgten von Anfang an ein zweigleisiges »Geschäftsmodell« – handeln und plündern.

Das Schwert der Wikinger *war nach damaligen Maßstäben eine Hightech-Waffe, mit der sie vielen Widersachern überlegen waren.*

KALMARER UNION – EUROPÄISCHES BÜNDNIS MIT BLUTIGEM ENDE

Was man im restlichen Europa erst im 20. Jh. zustande brachte, schafften die Nordeuropäer bereits 1397. In der Kalmarer Union schlossen sich die Königreiche Dänemark, Norwegen und Schweden unter Führung der dänischen Königin Margarethe zusammen. Ähnlich wie heute in Europa wurde auch damals heftig darüber gestritten, wer warum wie viel Macht besitzen sollte.

Margarethe schaffte es für eine Weile, das Bündnis zusammenzuhalten, aber unter ihren Nachfolgern zerfiel es allmählich. Passenderweise beendete dann auch ein gebrochenes Versprechen samt Blutbad die Union. 1513 bestieg der Däne Christian II. seinen Thron. Wie so oft im Laufe der Geschichte Skandinaviens erkannte der schwedische Adel den Dänenkönig jedoch nicht an. Erst 1518 konnte dieser nach viel Streit, Kampf und Intrige seinen Anspruch in der Kalmarer Union durchsetzen. Scheinbar um die Hand zur Versöhnung auszustrecken, lud er daraufhin 80 aufständische Adelige zu einem großen Fest nach Stockholm ein. Dort aber ließ er seine Gegner hinterhältig gefangen nehmen und anschließend hinrichten. Genutzt hat das dem wortbrüchigen König allerdings nicht – im Gegenteil: Der Widerstand wurde daraufhin nur noch heftiger. Schweden erhob sich unter Gustav Wasa gegen die Dänenherrschaft und schied 1523 aus der Union aus. Aber auch zu Hause in Dänemark erhob sich der Adel gegen den unfähigen König: Christian II. wurde schließlich abgesetzt und musste ins Exil nach Holland fliehen.

Gustav Wasas Rüstung *wurde von dem Nürnberger Plattner Konrad Lochner hergestellt. Die besten Rüstungen jener Zeit kamen aus Bayern – Nürnberg und Augsburg waren die Hochburgen.*

SCHWEDISCHES SOZIALSYSTEM: VATER STAAT UND SEINE KINDER

Schon in den 1930er-Jahren begann die sozialdemokratische Regierung in Schweden, Staatsbürger gegen Krankheit und Arbeitslosigkeit weitgehend abzusichern. Nach dem Zweiten Weltkrieg, als die meisten Länder Europas noch mit dem Wiederaufbau beschäftigt waren, setzte man in Schweden – ein Land, das am Krieg nicht teilgenommen hatte – den Aufbau eines bis dahin weltweit einmaligen Sozialsystems fort. Finanziert wurde das »schwedische Modell« durch hohe Steuern. Während der Wohlfahrtsstaat innerhalb Schwedens breite Zustimmung fand und den Sozialdemokraten über Jahrzehnte den Machterhalt sicherte, war er im Ausland Mittelpunkt kontroverser Diskussionen. Je nach politischem Standpunkt sah man darin einen dritten, »menschlichen« Weg zwischen Kapitalismus und Sozialismus oder beschwor das abschreckende Zerrbild der kommunistischen Bevormundung. Entwickelt hat sich daraus weder das eine noch das andere. Nach mehreren Wirtschaftskrisen in den 1990er-Jahren und zu Beginn des neuen Jahrtausends hat die sozialdemokratische Regierung den von ihr selbst aufgebauten Wohlfahrtsstaat schrittweise wieder demontiert. Heute unterscheiden sich die Sozialleistungen, die den Schweden gewährt werden, nur unwesentlich von denen anderer westlicher Industrieländer.

Kreative Zeiten nach »schwedischem Modell«: *1959 entwickelte der Ingenieur Nils Bohlin im Auftrag von Volvo den Dreipunktgurt.*

Am Puls der Zeit:

Zeitenwende in Schweden

Schweden hat sich verändert. Aus den Reichstagswahlen im September 2022 gingen die rechtsradikalen Schwedendemokraten als eine Siegerpartei hervor. Sie spielen seitdem eine wichtige Rolle in der schwedischen Politik. Nach der Wahl musste Ministerpräsidentin Magdalena Andersson nach acht Jahren sozialdemokratischer Führung die Regierungsgeschäfte an Ulf Kristersson, den Parteichef der konservativen Moderaten Sammlungspartei, abgeben. Das Votum war denkbar knapp: Die Sozialdemokraten kamen mit Koalitionspartnern auf 48,87 % der Stimmen. Das rechte Lager erreichte 49,59 %. Allerdings verbuchten die demokratischen Parteien, die Moderaten, die Liberalen und die Christdemokraten, zusammen nur 29 %. Den Löwenanteil der Siegerstimmen steuerten die Schwedendemokraten bei, die vor allem mit ihrem einwandererfeindlichen Programm bei den Wählern punkteten. Die äußersten Rechten sind offiziell nicht an der Regierung beteiligt. Sie haben aber Kristersson mit ins Amt gewählt und werden nun benötigt, um der Mitte-Rechts-Allianz Mehrheiten zu sichern.

Wehrhafter Zeitzeuge nordeuropäischer Geschichte: das Renaissanceschloss Kalmar

Schloss Kalmar – der Schlüssel zum Reich

Ein Burggraben und wuchtige Türme, umgeben von einer schützenden Mauer – das Wasserschloss Kalmar lässt schon aus der Ferne keinen Zweifel daran aufkommen, dass es im Ursprung eine Befestigungsanlage war, eine der wichtigsten und wehrhaftesten des Landes.

Die Festung von Kalmar liegt strategisch günstig an der schmalsten Stelle des Sundes zwischen dem schwedischen Festland und der Insel Öland. Sie sollte einst die wichtigen schwedischen Seehandelsrouten sichern, über Jahrhunderte aber auch Schwedens Landesgrenze im Süden schützen. Denn als sich das benachbarte Königreich der Dänen im Verlauf des 10. und 11. Jh. formierte, umfasste es auch Teile des heutigen Südschwedens – die Provinzen Schonen und Blekinge. Die Grenze verlief damals also nur rund 60 km südlich von Kalmar. Um die Nachbarn auf Distanz zu halten, ließ Schwedenkönig Knut Erikson 1180 einen Verteidigungsturm auf dem heutigen Schlossareal errichten. Im 13. Jh. kamen die Ringmauer und vier Türme dazu. Weil die Trutzburg, auf der die Schwedenkönige zeitweise auch residierten, für die Grenzsicherung so bedeutend war, wurde sie auch der »Schlüssel des Reiches« genannt.

Im 14. Jh. verband die Schweden und ihre Nachbarn ein neues gemeinsames Interesse, denn allen machte die Deutsche Hanse zu schaffen. Der Handelsstädtebund hatte große Macht erlangt und war bestrebt, auf dem Territorium der Nordreiche mehr und mehr Handelsniederlassungen nach hansischem Recht zu gründen. Um das zu verhindern, schlossen sich 1397 Dänemark, Norwegen und das schwedische Königreich, zu dem damals auch Finnland gehörte, zu einem Staatenbund zusammen. Unterzeichnet wurde der Vertrag auf Schloss Kalmar, weshalb der Bund als Kalmarer Union (S. 45) in die Geschichtsbücher einging.

Während sich die Union zwischen Norwegen und Dänemark als festes Bündnis erwies, kam es zwischen Schweden und Dänen immer wieder zu Interessenskonflikten, und auch innerhalb Schwedens bekämpften sich Unionsanhänger und Gegner. Bauern, Bergbau- und Hüttenbetreiber machten Front gegen die Steuerpolitik des dänischen Königs Christian II., der gleichzeitig Herrscher der Kalmarer Union war. 1523, mit der Wahl Gustav Wasas zum König von Schweden, löste sich das Land aus der Union. Wasa, der nach der Schlacht bei Brännkyrka 1518 vom dänischen König als Geisel genommen wurde, gelang die Flucht nach Kalmar, dass er zu seinem Aufenthaltsort machte. Er und seine Söhne Erik und Johann ließen das Schloss komplett umbauen und mit zeitgemäßen Verteidigungsanlagen versehen. Gegen Ende des 17. Jh. verlor Kalmar an Bedeutung. Das Schloss, das zusehends verfiel, wurde als Gefängnis, später als königliche Schnapsbrennerei genutzt. Erst Mitte des 19. Jh. besann man sich auf seine große Geschichte und begann mit der Rekonstruktion.

Schloss Kalmar kann von März bis Oktober täglich, im Winter an den Wochenenden besucht werden. Hinter den wuchtigen Mauern beleuchten Dauerausstellungen die 800-jährige Geschichte. Eine widmet sich der Zeit, als Kalmar als Frauengefängnis genutzt wurde – einem dunklen Kapitel schwedischer Rechtsgeschichte.

www.kalmarslott.se

Mit der Bahn in den hohen Norden

Wer Schweden-Reisepläne schmiedet und das Land vom Süden bis in den hohen Norden erkunden will, denkt in der Regel ans Auto. Aber es geht auch ohne Pkw oder Wohnmobil. Die Inlandsbanan ist eine gemütlich-nostalgische Alternative zur Reise mit dem eigenen Fahrzeug.

VOM VÄRMLAND BIS NACH LAPPLAND

Startpunkt der Bahnlinie ist Kristinenhamn, ein Städtchen am Vänernsee in der Provinz Värmland, das man mit dem Zug ab Göteborg gut erreicht. Endbahnhof ist Gällivare, rund 100 km nördlich des Polarkreises im schwedischen Lappland. In Kristinenhamn setzt sich der Zug morgens um halb elf in Bewegung, abends um halb neun ist bereits Östersund, eine 50 000-Einwohner-Stadt in der Mitte Schwedens, erreicht. Dort rastet der Zug über Nacht, anderntags in der Früh geht die Fahrt dann weiter, und kurz vor 21 Uhr des zweiten Reisetages fährt der Zug, der in der Regel nur aus zwei Triebwagen besteht, in den Bahnhof von Gällivare ein.

VIELE ETAPPEN, DIE ZUM RASTEN EINLADEN

Es wäre allerdings viel zu schade, die 1300 km lange Reise in einem Stück zu absolvieren. Schon nach vier Stunden Fahrt bietet sich am ersten Tag ein Stopp in Mora am Siljansee an, wo man durch den hübschen Ort

Vom Bahnhof in Mora ist es nicht weit bis zum hübschen Siljansee

bummeln, das Museum des Malers Anders Zorn besuchen, im See baden oder einen »Dämmertörn« mit dem Dampfer unternehmen kann. Mora ist nur eine Station von Dutzenden an der Strecke, die zu einer Unterbrechung und ausgedehnten Ausflügen zu Fuß oder auf dem Wasser einladen. Und genau das ist das Konzept der Inlandsbanan: Passagiere können zwischen verschiedenen Ticketoptionen wählen und sich für die Strecke mehrere Tage, zwei Wochen oder noch länger Zeit nehmen. Wie wäre es mit einem Stopp in Orsa und einem entspannten Badetag am Orsajön, der mit einem herrlichen Sandstrand überrascht? Tolle Möglichkeiten eröffnen sich auch bei einer Rast in Storuman, einer kleinen Gemeinde in Lappland. Zunächst kann man sich hier mit Proviant eindecken und dann ein paar Tage abtauchen in die unberührte Berg- und Seelandschaft. Immer Anfang Juli ist Storuman Austragungsort der schwedischen Schlamm-Fußballmeisterschaft. Zurück an Bord können sich Passagiere auf kulinarische Genüsse freuen. Im Zug gibt es zwar nur Getränke und Snacks, doch an mehreren Haltestellen kann man – je nach Aufenthaltsdauer – in ein lokales Restaurant einkehren oder sich sogar ein Menü an den Zug liefern lassen. Damit alles entsprechend vorbereitet ist, nimmt der Zugbegleiter unterwegs schon die Bestellungen auf.

Das Ufer des Orsajön lädt zum erfrischenden Bad ein

Die **Inlandsbanan** verkehrt zwischen dem 20. Juni und Mitte August. Man kann Tickets für die Einzelstrecken kaufen. (Die Strecke Kristenhamn–Mora kostet je nach Nachfrage und Vorausbuchungszeit zwischen 200 und 600 Sek, die von Östersund nach Gällivare zwischen 500 und 1100 SEK). Flexibel reist es sich mit dem 14-Tage-Ticket für 2195 SEK. Wer möchte, kann sich für 50 SEK pro Tag einen Sitzplatz sichern. Fahrräder werden für 10 SEK transportiert, Hunde fahren gratis – da sie aber nur in bestimmten Sitzreihen erlaubt sind, sollten Hundebesitzer einen Platz reservieren. *Infos und Buchung über www.inlandsbanan.se, Tel. +46 (0)771 53 53 53.*

Endlose Wälder, Seen und Großstadtflair

Über fast 1000 km führt unsere Route von der Südküste nach Stockholm. Dem Reisenden bietet die Tour einen Ausschnitt von allem, was das südliche Schweden zu bieten hat – die Kulturlandschaft Schonens, die Wälder Smålands, aber auch große Seen und den nostalgischen Götakanal. Großstadtflair kann man zum Auftakt der Tour in Malmö und am Ende in der Hauptstadt Stockholm schnuppern.

Die Tour auf einen Blick:

Start: Malmö
Ziel: Stockholm
Gesamtlänge: 990 km
Reine Fahrtzeit: ca. 14 Std. (5-Tage-Tour)
Orte entlang der Route: Malmö – Trelleborg – Ystad – Kristianstad – Sölvesborg – Mörrum – Karlshamn – Ronneby – Karlskrona – Kalmar – Vimmerby – Jönköping – Huskvarna – Gränna – Vadstena – Motala – Linköping – Norrköping – Nyköping – Trosa – Stockholm

E1 VON MALMÖ BIS SÖLVESBORG

(240 km, 4 ½ Std.)

Sandstrände, Erinnerungen an die Wikingerzeit, literarische Spaziergänge und Altstädte mit viel Fachwerk

Die erste Etappe unserer Autotour führt zunächst über gut ausgebaute Straßen in Strandnähe entlang der schwedischen Südküste, schwenkt dann Richtung Norden und führt von da an im Landesinneren Richtung Norden. Nachdem Sie in Malmö (S. 94) u. a. die Innenstadt mit dem Stora und Lilla torg und dem in sich verdrehten Hochhaus Turning Torso besichtigt haben, beginnt die Fahrt auf der Autobahn E22 Richtung Trelleborg, das vor allem als Fährhafen bekannt ist. Das Wikingermuseum am Stadtrand ist durchaus einen Besuch wert. Etwa 15 km von Trelleborg

In Trelleborg wartet die detaillierte Rekonstruktion einer Wikinger-Ringburg

ADAC Traumstraße: Etappen 1 bis 5 (Detailplan siehe Rückseite Faltkarte)

entfernt erreicht man auf der Straße Nr. 9 Smygehuk, den südlichsten Punkt Schwedens. Der Leuchtturm lohnt einen Fotostopp, die ehemalige Wohnung des Leuchtturmwärters wird heute als Jugendherberge (smygehuklighthousehostel.se) genutzt. Via Abbekås mit seinem kleinen Hafen kommt man 35 km östlich nach Ystad (S. 111). Die Stadt ist Krimifans als Handlungsort der meisten Bücher von Henning Mankell bekannt (Führungen S. 111), aber auch die Fachwerkhäuser im Zentrum lohnen einen Blick. In der Nähe liegt Ales stenar (S. 111), die größte Schiffssetzung Nordeuropas. Allein schon wegen ihrer Lage an der Steilküste und der Nähe zum Fischerdörfchen Kåseberga ist sie einen Besuch wert. Die Anreise erfolgt von Ystad zunächst über die Straße Nr. 9 bis Nybrostrand, am Ortsausgang biegt man auf den Östra Kustvägen ab. Von Kåseberga wiederum kommt man über Nebenstraßen via Lödrup, Sandhammaren und an der Festung Glimmingehus (S. 111) vorbei, zurück auf die Straße Nr. 11 und auf dieser nach Simrishamn. In der Stadt, die aussieht, als wäre sie einem Buch Selma Lagerlöfs entsprungen, sollte man die St.-Nikolai-Kirche besuchen. Über Schwedens Apfelhauptstadt Kivik (Apfelfest Ende September), Åhus, der Heimat von »Absolut Wodka«, und Kristianstad mit der größten Renaissancekirche des Nordens, der Dreifaltigkeitskirche von 1628, erreicht man Sölvesborg. In dem Küstenort findet im Sommer ein großes Rockfestival (www.swedenrock.com) statt.

Restaurant
Kåseberga Fisk verkauft Fisch zum Mitnehmen oder gleich Essen – auf rustikalen Bänken am Meer. Löderup/Kåseberga, www.kaseberga-fisk.se.

Übernachten
€–€€ | Hotel Humbla: schmuckes kleines Hotel in der ehemaligen Bürgermeistervilla. Sölvesborg, www.hotellhumbla.se.

E2 VON SÖLVESBORG BIS KALMAR

(180 km, 2 ½ Std.)

Entspannte Fahrt auf breiten Straßen mit Weltkulturerbe in Karlstad und einem majestätischen Schloss in Kalmar

Essen mit freundlichem Service
Das Nya Skafferiet serviert Salate, Risotto, Hähnchen und mittags ein preisgünstiges Buffet für 100 SEK, nur am Wochenende abends geöffnet. Karlskrona, www.nyaskafferiet.se.

Dieser Abschnitt verläuft im Wesentlichen über die Autobahn E22. Das muss Sie aber nicht abschrecken, da man die Hauptstrecke immer wieder zu Besichtigungen verlässt. Zudem sind die schwedischen Autobahnen sowohl von der Auslastung als auch von ihrer Bauweise nicht mit ihren mitteleuropäischen Pendants zu vergleichen. Zunächst geht die Fahrt von Sölvesborg auf der E22 Richtung Karlshamn. Angler werden für dieses Teilstück vermutlich etwas länger brauchen, denn auf dem Weg passiert man Mörrum, das Zentrum des Lachsfangs in Schweden. Das zeigt sich auch im Wappen des Ortes, das zwei Fische zieren. Der Abstecher nach Karlshamn lohnt, wenn man das berühmte Auswandererdenkmal besichtigen möchte. Für amerikanische Touristen schwedischer Abstammung ist es eine der wichtigsten Sehenswürdigkeiten im Land, denn in Karlshamn haben viele Menschen die Auswandererschiffe in Richtung Neue Welt bestiegen. Oder man gönnt sich mit dem Schiff eine Tour in den Schärengarten vor der Stadt, besonders malerisch sind die Inseln Tjärö und Tärnö. Via Ronneby, das vor allem wegen seiner Heilquellen bekannt ist, erreicht man Karlskrona (S. 109). Für die 36 000 Einwohner zählende Stadt sollten Sie einen etwas längeren Stopp einplanen. Hauptsehenswürdigkeiten sind das Marinemuseum, die Amiralitetskyrkan und der beeindruckende Stor torg. Der Marinehafen zählt zum Weltkulturerbe. Der letzte Abschnitt der Fahrt führt auf der E22 parallel zum Meer nach Kalmar (S. 48). Neben der schönen Altstadt ist das etwas außerhalb gelegene Schloss sehenswert. Von Kalmar erreicht man über die 6 km lange Ölandbrücke die gleichnamige Insel. Öland (S. 108) ist u. a. bekannt für seine Mühlen, Steinsetzungen aus prähistorischen Zeiten, den königlichen Sommerpalast Solliden und die mächtige Burgruine Borgholm.

Seit 1972 verbindet die Ölandbrücke die gleichnamige Insel mit dem Festland

Das Geburtshaus von Astrid Lindgren in Vimmerby

E3 VON KALMAR BIS JÖNKÖPING

(256 km, 3½ Std.)

Über Nebenstraßen in die Heimat von Pippi Langstrumpf nach Vimmerby und zu Schwedens zweitgrößtem See

Von Kalmar führt nun die Route 23 km nach Norden bis zur Gemeinde Ålem. Dort verlässt man die E22 und biegt auf die Straße Nr. 23 Richtung Blomstermåla und Högsby ab. Die Strecke verläuft abwechslungsreich durch Wälder und Wiesen. Eigentliche Sehenswürdigkeiten, die einen längeren Stopp lohnen, gibt es zunächst nicht. In Högsby hat man dann die Wahl, ob man auf der Hauptstraße bleibt oder auf der anderen Seite des Flusses auf der landschaftlich schöneren Nebenstrecke (Fågelforsvägen) weiterfährt. So oder so erreicht man Hultsfred, den Ausgangspunkt einer Schmalspur-Museumseisenbahn, die nach Västervik führt. Von Hultsfred kommt man in etwa 25 Fahrminuten nach Vimmerby (S. 134). Auf dem Weg dorthin fährt man durch eine Landschaft, die jedem Schwedenstereotyp gerecht wird, um dann die Heimatstadt von Pippi Langstrumpf und ihrer »Erfinderin«, der Schriftstellerin Astrid Lindgren, zu erreichen. Familien mit kleinen Kindern werden hier vermutlich ihre Reise für den Tag unterbrechen, denn für sie lohnt Astrid Lindgrens Värld (S. 135) einen längeren Aufenthalt. Wem der Besuch im Bauernhof Näs, wo die Schriftstellerin aufgewachsen ist, reicht, schafft auch noch den Rest der Tagesstrecke, die via Eksjö (sehr sehenswerte Holzaltstadt) und Nassjö (Eisenbahnmuseum) bis nach Jönköping (Streichholzmuseum, S. 131) an die Südspitze des Vättersees führt.

Übernachten

€€ | Scandic Portalen, freundlicher Service und solide Zimmer in Jönköping (S. 137) oder €€ | Astrid Lindgrens Värld, Bilderbuch-Holzhäuser in Vimmerby (S. 135).

Sakrales Schmuckstück aus dem 14. Jh.: die Klosterruine von Alvastra

E4 VON JÖNKÖPING BIS MOTALA

(117 km, 1½ Std.)

Dieses Teilstück der Tour führt am Vättern entlang, wo Klosterruinen und ein Inselausflug warten

Der perfekte Zwischenstopp *auf dem Weg nach Vadstena ist Gyllenhammars Restaurant in Borghamn (S. 134).*

Nach der Besichtigung von Jönköping fahren wir los in Richtung Huskvarna, der Stadt, die den meisten Besuchern vor allem wegen der dort hergestellten Nähmaschinen und Gartengeräte bekannt sein dürfte. Der nach der Stadt benannte Konzern Husqvarna hat hier ein Werksmuseum. Weiter geht es nach Gränna, der Heimat der in Schweden sehr populären rot-weißen Zuckerstangen »polkagrisar«. Die Stadt hat ein sehenswertes Museum (S. 132) zu bieten, vor allem aber ist Gränna Ausgangsort für die sehr lohnende Schiffsfahrt nach Visingsö (S. 132), der größten Insel im Vättern. Hinter Gränna fährt man auf der zunächst parallel zur Autobahn verlaufenden Landstraße weiter. Es geht immer am See entlang, mit teilweise spektakulärer Aussicht aufs Wasser, nach Alvastra, einer ziemlich fotogenen Klosterruine. Die Straße führt nun zwischen dem riesigen Vättern und dem kleinen und sehr flachen Tåkern-See hindurch. Dieser ist ein beliebtes Ziel für Ornithologen, die hier ungefähr 260 Vogelarten beobachten können. Vogelstationen mit Aussichtstürmen gibt es in Hov, Svälinge, Väversunda und Glänås. Weiter geht die Fahrt über Vadstena (S. 133), wo ein längerer Aufenthalt zur Besichtigung des Klosters ansteht, zum Tagesziel Motala, der Stadt, in der der Götakanal in den Vättern fließt.

Übernachten
€€ | 10 km nördlich von Motala liegt das gemütliche B&B Björka Storgård, www.bjorkastorgard.se.

E5 VON MOTALA NACH TROSA
(203 km, 2 ¾ Std.)

Zunächst geht es bis Linköping, dann weiter nach Norr- und Nyköping und schließlich in das malerische Trosa

Von Motala geht es über Borensberg mit seiner Schleuse am Götakanal nach etwa 45 Minuten auf der Straße Nr. 34 bis Linköping (S. 134). Der Dom der Stadt, dessen älteste Teile aus dem 12. Jh. stammen, zählt zu den bedeutendsten Kirchen des Landes. Sehenswert ist auch das Freilichtmuseum Gamla Linköping. Die Autobahn E4 führt Sie nun in die Nachbarstadt Norrköping, die einst wegen ihrer vielen Textilfabriken »Schwedens Manchester« genannt wurde. Der gelungene Wandel vom Industriestandort zur Einkaufs- und Ausgehstadt lässt sich am besten im trendigen Ausgehviertel Knäppingsborg (www.knappingsborg.se) nachvollziehen. Nahe der Stadt lohnt Kolmårdens Djurpark (www.kolmarden.com), Nordeuropas größter Zoo, einen Besuch. Ebenfalls außerhalb der Stadt, nahe der E4, in der Nähe von Himmelstalund, findet man sehenswerte Felsritzungen aus der Bronzezeit. Über Nyköping mit der Festung Nyköpinghus (im Sommer ein Freilufttheater) und die Landstraße Nr. 218 erreicht man schließlich Trosa, eine kleine, malerische Gemeinde mit vielen Holzhäusern an der Mündung des Flusses Trosaån in die Ostsee. Das beschauliche Städtchen ist der perfekte Stopp, bevor man sich in das Großstadtgewimmel Stockholms stürzt. Wer sich den zeitaufwendigen Abstecher nach Trosa jedoch sparen will, folgt von Nyköping einfach weiter der Autobahn und erreicht nach etwa einer Stunde die schwedische Hauptstadt Stockholm.

Übernachten
€€€ | *Bomans Hotel, die perfekte Mischung aus Traditions- und Boutiquehotel, mit ausgezeichnetem Restaurant, www.bomans.se.*

Ganz in der Nähe der Hauptstadt lockt mit Trosa ein ländliches Postkartenidyll

Zurück zum Ausgangspunkt: Der schnellste Weg zurück von Stockholm nach Malmö verläuft über die E4 via Jönköping und Helsingborg (ab dort E20). Für die 615 km lange Strecke ist man zwischen 6½ und 7 Std. (reine Fahrtzeit) unterwegs.

Unterwegs

Natur pur, Ruhe und freundliche Menschen, dazu ein rotes Schwedenhäuschen am Wasser, wie hier am Badestrand auf der Insel Tjörn – so sieht der Traum vom Urlaub in Schweden aus.

Das will ich erleben

Schweden – das sind vor allem großartige Berg-, Wald- und Wasserlandschaften, die man zu jeder Jahreszeit erleben kann. Der Outdoor-Urlaub mit Wanderungen, Kanufahrten, Angeln oder Skifahren lässt sich leicht mit dem Entdecken der Landeskultur verbinden: Klöster, Kirchen, Fischerdörfer, Freilichtmuseen, selbst in dünn besiedelten Weiten stößt man auf Spuren spannender Geschichte. Zeit sollten Sie sich auch für die quicklebendigen Metropolen Stockholm und Göteborg nehmen. Sie bieten große Kunst, gewagte Architektur, junges Design, ausgezeichnete Gastronomie und viele Überraschungen.

11

Shopping »made in Sweden«

Schweden legen großen Wert auf Qualität. Das zeigt sich bei Hightech-Produkten ebenso wie im Kunsthandwerk und bei Designprodukten. Typisch Schwedisches bekommt man ja fast überall auf der Welt, vor Ort trifft man auf individuelle und traditionelle Schätze.

1

Große Meister im Museum

Schwedische Maler und Bildhauer wie Anders Zorn oder Carl Larsson oder die Künstlervereinigung »Halmstadgruppen«, die mit Erik Olson u. a. den Surrealisten nahestand, haben Großes auf Papier und Leinwand gebracht. Eine Entdeckungsreise lohnt sich.

Nordische Leckereien

Hering, Lachs, Krabben, Austern, Hummer, Krebse satt – Schweden hat viel Wasser und das merkt man auch der Landesküche an. Daneben gehören Wild und »kanelbullar« (Zimtschnecken) zu den typischen Delikatessen.

Seen, Berge und Meer

Sanfte Hügel, hohe Berge, rauschende Flüsse, zehntausende Seen, die bizarre Schärenküste und kilometerlange Strände – die Natur hat es gut gemeint mit Schweden.

Spektakuläre Aussichten

Grandiose Panoramen bieten sich fast täglich auf einer Reise durch Schweden. Es lohnt sich, auch hinaufzusteigen und den Blick ganz weit schweifen zu lassen – egal ob von einem Berg oder einem hohen Gebäude.

Die schönsten Freilichtmuseen

In vielen Gemeinden hat man alten Gebäuden einen neuen Standort gegeben und sie so für die Nachwelt bewahrt. Häufig finden hier auch Veranstaltungen statt.

Highlights der Architektur

Bei der Planung moderner und umweltfreundlicher Bauten ist Schweden führend. Die Stadtteile Västra Hamnen in Malmö und Hammarby Sjöstad in Stockholm locken Architekten und Architekturfans aus aller Welt an.

Die besten Wanderwege

Schweden ist ein Paradies für Wanderer. Egal, ob man im Gebirge, entlang der Küste oder im flachen Südschweden unterwegs sein will, jeder Wanderer wird hier ideale Bedingungen und Pfade für sich entdecken.

Kultstätten aus alter Zeit

Felsritzungen, Schiffssetzungen, Grabhügel oder Runensteine – besonders im Süden Schwedens findet man viele faszinierende Zeugnisse der Vergangenheit. Die Bedeutung mancher frühgeschichtlicher Stätten haben Wissenschaftler bis heute noch nicht eindeutig verstanden.

Zauberhafte Dörfer

Auf die bunten Schwedenhäuschen freuen sich die meisten Besucher des Landes. In manchen Dörfern präsentiert sich eine Bilderbuchkulisse mit malerischer Lage am See.

Berühmte Kirchen

Manche Gotteshäuser, wie der Dom in Lund, wurden angeblich von einem Riesen erbaut, andere, wie die Kirche in Vadstena, der Legende nach von Gott selbst.

Stockholm und die Mälarseeregion

Schöner als Stockholm kann eine Hauptstadt nicht liegen – von Wasser umgeben, zwischen Ostsee und Mälarsee

Schweden hat über 200 Jahre lang keine Kriege mehr geführt, das merkt man seiner Hauptstadt Stockholm an. Viel Historisches ist hier erhalten, vor allem in Gamla stan, der Altstadt.

Auch rund um den großen See Mälaren nahe der Hauptstadt reiht sich eine historische Sehenswürdigkeit an die andere: Schlösser wie Gripsholm zeugen davon, dass Schweden einst eine Großmacht war, und auch Städte wie Sigtuna haben die Geschichte des Landes geprägt. Daneben stoßen Besucher auf Dörfer, die ganz dem Schwedenklischee von roten Holzhäusern am Wasser entsprechen. Der Mälaren, drittgrößter See des Landes, bietet viele Möglichkeiten für Urlauber: baden, Boot fahren oder in der Sonne faulenzen. Ein Fahrradweg und Wanderpfade durchziehen das Land entlang des Ufers.

Nördlich liegt Uppsala, die Universitätsstadt. Wer nicht wegen Dom, Schloss oder Gustavianum hierherkommt, hat vielleicht eine der Kneipen zum Ziel, in denen Studenten feiern.

Roslagen heißt die Landschaft, die sich zwischen Uppsala und Ostsee erstreckt. Fischerdörfer, Strände und viele Inseln sind ihr Markenzeichen. Obwohl Stockholm nur wenig entfernt liegt, ist urbane Hektik hier weit weg.

In diesem Kapitel:

ADAC Top Tipps:

1 Vasamuseet, Stockholm
| Museum |
Das prachtvolle Kriegsschiff »Vasa« war eine Fehlkonstruktion und sank bei der Jungfernfahrt 1628. Heute ist es eine Sensation. 74

2 **Drottningholm, Stockholm**
| Schloss |
Das Barockschloss, ein Weltkulturerbe, liegt in bester Lage am Mälarsee und am Rand der Hauptstadt. Hier wohnt das Königspaar, dennoch können Besucher Teile besichtigen, darunter den Ehrenstrahl-Raum. 77

3 **Uppsala Domkyrka**
| Dom |
Geschichtsträchtig und turmhoch – mit fast 119 m ist keine Kirche im Norden höher als der Dom zu Uppsala. Hier wurden viele schwedische Könige gekrönt und auch begraben, darunter Gustav Vasa, aber auch der Botaniker Carl von Linné. 83

ADAC Empfehlungen:

1 **Stadshuset, Stockholm**
| Architektur |
Von der Dachterrasse des Gebäudes im Stil der schwedischen Nationalromantik öffnet sich ein weiter Blick, auch das Innere ist sehenswert. 67

2 **Nationalmuseum, Stockholm**
| Kunstmuseum |
Das größte Museum des Landes zeigt Kunst in Hülle und Fülle. 73

3 **Skansen, Stockholm**
| Freilichtmuseum |
Das älteste Freilichtmuseum der Welt erzählt die Geschichte von Schweden, wie es einmal war. 76

4 **Stadshuskällaren, Stockholm**
| Restaurant |
Hier kann jedes Nobelpreismenü seit 1901 bestellt werden. 78

5 **Öregrund**
| Badeort |
Bunte Holzhäuser am Meer – das kleine Sommerparadies. 81

6 **Gamla Uppsala**
| Archäologische Stätte |
Unter riesigen Grabhügeln ruhen Könige aus alter Zeit. 84

1 Stockholm

Die strahlende Hauptstadt besticht durch Kultur und Wasser

In der Riddarholmskyrkan wurden bist 1820 schwedische Ritter beigesetzt

Information

- Visit Stockholm , www.visitstockholm.com, Touristeninformationen u. a. am Flughafen Arlanda (Terminal 2 und 5) und am Zentralen Busbahnhof (City Terminalen)
- Parken: siehe S. 78

Die Hauptstadt Schwedens erstreckt sich über 14 bewohnte Inseln, die durch 54 Brücken miteinander verbunden sind. Stockholm ist eine grüne Stadt – und eine blaue. Sie besteht nämlich zu je einem Drittel aus Wasser, Grünflächen und bebautem Gebiet.

Wasser ist in Stockholm immer und überall präsent – die Ostsee liegt auf der einen, der Mälarsee auf der anderen Seite der Stadt. Stockholm ist aber auch ein Ort, an dem man Geschichte atmen kann. Da Schweden schon mehr als 200 Jahre lang in keinen Krieg mehr verwickelt war, hat auch die Hauptstadt des Landes seit Langem keine Zeiten der Not und Zerstörung durchmachen müssen. Ein Spaziergang durch die Altstadt, Gamla stan, kommt deswegen einer Reise in die Vergangenheit gleich.

Stockholm ist keine riesige Metropole. Weil sie aber am Wasser liegt, viele Buchten, Halbinseln und Inseln hat, verlangt ein Stadtspaziergang ein wenig Vorabplanung. Das ehemalige Ar-

Plan
S. 68/69

beiterviertel Södermalm hat sich zu einem Szenekiez entwickelt. In »Söder« leben viele Kreative und Studenten – die Kneipenszene ist perfekt zum Ausgehen am Abend.
Der östliche Stadtteil Djurgården, das ehemalige königliche Jagdrevier, ist eine große Insel, auf der man heute herrlich spazieren und radeln kann. Es gibt auch viele Museen: Neben den großen Häusern sind noch etliche kleinere hier beheimatet – darunter das Kindermuseum Junibacken, in dem die Figuren aus den Büchern von Astrid Lindgren und anderen großen nordischen Autoren zum Leben erweckt werden. Außerdem locken ein Aquarium, die Kunsthalle, ein Biologie- und ein Seefahrtmuseum.

Sehenswert

1 Stadshuset

| Architektur |

1 *Bester Aussichtspunkt und Ort des Nobelpreis-Dinners*

Das Stadshuset, Wahrzeichen Stockholms, wurde zwischen 1911 und 1923 erbaut. Hier werden die Nobelpreis-Festbankette zelebriert. Die Innenräume kann man nur im Rahmen einer Führung besuchen. Schmuckstück ist der Goldene Saal (Gyllene salen) mit seinem riesigen, aus über 18 Mio. Einzelteilen bestehenden Glasmosaik. Im Blauen Saal – der entgegen der Namensgebung gar nicht blau ist – befindet sich die größte Orgel Nordeuropas. Ursprünglich sollten die Wände der

ADAC Spartipp

Der **Stockholm Pass** (www.city-tourist.de/stockholm-card.html) bietet freien Eintritt zu fast 80 Museen und Attraktionen in Stockholm. Außerdem sind Rundfahrten mit dem Hopp-On-Hopp-Off-Bus und Bootsrundfahrten inklusive. Anders als bei der früheren Stockholm Card sind Fahrten mit dem Öffentlichen Nahverkehr nicht mehr inbegriffen. Wegen des relativ hohen Preises lohnt sich der Pass vor allem für Kulturreisende, die mehrere Museen besuchen wollen.

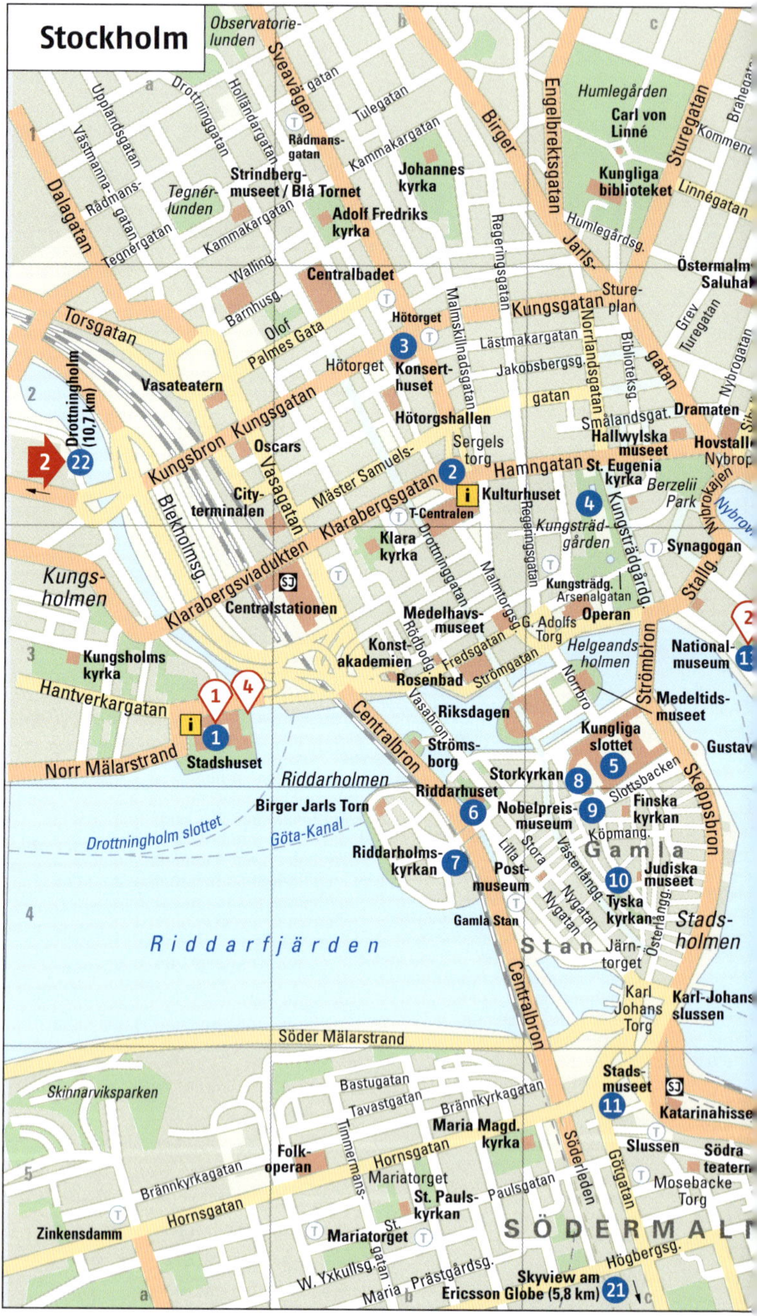
Stockholm
Observatorie-
lunden
Upplandsgatan
Västmanna-
gatan
Drottninggatan
Holländargatan
Sveavägen
Tulegatan
Rådmans-
gatan
Kammakargatan
Birger
Engelbrektsgatan
Humlegården
Carl von
Linné
Sturegatan
Brahegatan
Kommend
Dalagatan
Rådmans-
gatan
Tegnér-
lunden
Tegnérgatan
Strindberg-
museet / Blå Tornet
Kammakargatan
Johannes
kyrka
Adolf Fredriks
kyrka
Kungliga
biblioteket
Linnégatan
Humlegårdsg.
Jarls.
Regeringsgatan
Walling.
Centralbadet
Barnhusg.
Olof
Palmes Gata
Östermalm
Saluhal
Torsgatan
Hötorget
Malmskillnadsgatan
Kungsgatan
Stureplan
Grev
Turegatan
Lästmakargatan
Jakobsbergsg.
Norrlandsgatan
Biblioteksg.
gatan
Nybrogatan
Drottningholm
(10,7 km)
Vasateatern
Hötorget
Konsert-
huset
gatan
Hötorgshallen
Smålandsgat.
Dramaten
Hallwylska
museet
Hovstall
2
22
Kungsbron
Kungsgatan
Oscars
Vasagatan
Mäster Samuels-
Sergels
torg
2
Hamngatan
St. Eugenia
kyrka
Nybrop
Berzelii
Park
Nybrokajen
Blekholmsg.
City-
terminalen
Klarabergsgatan
T-Centralen
Kulturhuset
4
Regeringsgatan
Kungsträd-
gården
Kungsträdgårdsg.
Synagogan
Kungs-
holmen
Klarabergsviadukten
Klara
kyrka
Drottninggatan
Malmtorgsg.
Kungsträdg.
Arsenalgatan
Stallg.
Centralstationen
Medelhavs-
museet
G. Adolfs
Torg
Operan
Kungsholms
kyrka
Konst-
akademien
Rödbodg.
Fredsgatan
Strömgatan
Helgeands-
holmen
Strömbron
National-
museum
Hantverkargatan
1
4
Rosenbad
Norrbro
Medeltids-
museet
Vasabron
Riksdagen
Kungliga
slottet
1
Centralbron
Ströms-
borg
Gustav
Norr Mälarstrand
Stadshuset
5
Storkyrkan
8
Slottsbacken
Skeppsbron
Riddarholmen
Riddarhuset
Birger Jarls Torn
6
Nobelpreis-
museum
9
Finska
kyrkan
Drottningholm slottet
Göta-Kanal
Köpmang.
Lilla
Stora
Västerlångg.
Gamla
Riddarholms-
kyrkan
7
Post-
museum
Judiska
museet
10
Nygatan
Tyska
kyrkan
Österlångg.
Gamla Stan
Stads-
holmen
Riddarfjärden
Stan
Järn-
torget
Centralbron
Karl
Johans
Torg
Karl-Johans
slussen
Söder Mälarstrand
Stads-
museet
Skinnarviksparken
Bastugatan
Tavastgatan
Brännkyrkagatan
11
Katarinahiss
Timmermans-
Maria Magd.
kyrka
Söderleden
Götgatan
Slussen
Södra
teatern
Folk-
operan
Hornsgatan
Brännkyrkagatan
Mariatorget
Mosebacke
Torg
St. Pauls-
kyrkan
Paulsgatan
Zinkensdamm
Hornsgatan
St.
Mariatorget
SÖDERMALM
Högbergsg.
W. Yxkullsg.
gatan
Prästgårdsg.
Skyview am
Ericsson Globe (5,8 km)
21
Maria

Valhallavägen
Karlaplan
Värta-vägen
Borg- vägen
Nybrogatan
Sibyllegatan
Artillerigatan
Stadion
STERMALM
Banérgatan
Gustav Adolfs kyrka
Gustav Adolfsparken
Oxenstiernsgatan
TV-huset
Jungfrugatan
Skeppargatan
Grevgatan
Narvavägen
Karlavägen
Hedvig Eleonora kyrka
Armémuseum
Historiska museet
Storgatan
Linnégatan
Gärdesgatan
Skarpögatan
Berwald-hallen
Riddargatan
Grevgatan
Styrmansgatan
Grev Magnigatan
Torstenssonsg.
Banérgatan
Oskars kyrka
Strand-vägen
Engelska kyrkan
Nobel-parken
Nobelgatan
Strandvägen
Djurgårdsbrunnsviken
Ladugårdslands-viken
Blasieholmen
Junibacken
Galär-parken
15 Nordiska museet
Rosendalsvägen
Djurgården
19 Rosendals slott (550 m)
1
16 Vasamuseet
Skansen Nebeneingang
Östasiatiska museet
Isbrytaren & Fyrskeppet
Spritmuseum
Vikingaliv
Biologiska museet
3
Skansen 18
Seglora kyrka
Skeppsholmskyrkan
14 Moderna museet
Liljevalchs konsthall
Djurgårdsvägen
f Chapman«
Skeppsholmen
Aquaria Vattenmuseum
Tobaks-museet
Arkitektur-museet
ABBA- The Museum 17
Cirkus
Skansen Haupteingang
Djurgårdskyrkan
Djurgårds-slätten
Djurgårdsvägen
Gröna Lund
20 Prins Eugens Waldemarsudde (700 m)
Kastellholmen
Strömmen
Beckholmen
Waldemars-viken
Stadsgårdshamnen
Fjäderholmarna, Vaxholm
Hammarby
Nybroviken,
12 Fotografiska museum
Stadsgårdsleden
Tegelvikshamnen
Fjällgatan
Stigbergsgatan
Erstag.
Norska kyrkan
Tjärhovs-gatan
Folkungagatan
0 450 m

Gefällt Ihnen das?

Sie interessieren sich für den Nobelpreis? Schauen Sie sich das **Konserthuset am Hötorget** an, wo der Preis alljährlich verliehen wird (s. u.), besuchen Sie das **Nobelpreismuseum** in Gamla stan (S. 73) und essen Sie im **Stadshuskällaren** (S. 78) ein Nobelpreisträgermenü.

Halle als Symbol des Meeres in kräftigem Blau gestrichen werden. Die Klinker waren schon in Handarbeit wellenförmig behauen, doch dann änderte der Architekt seine Meinung und die Wände blieben Rot. In der Blauen Halle findet übrigens das Festbankett anlässlich der Verleihung der Nobelpreise statt.

Ein Blick vom 106 m hohen Turm, dessen Spitze von den drei goldenen Kronen des Staatswappens gekrönt ist, ist mit das Schönste, was Stockholm zu bieten hat (der Aufzug geht nicht bis zur Spitze!). Am Fuß der östlichen Turmseite, unter einem von Säulen getragenen Baldachin, ist die Skulptur des Stadtgründers Birger Jarl zu sehen. In der Nähe, auf einer Säule direkt am Wasser, steht der Freiheitskämpfer Engelbrekt Engelbrektsson.

■ Hantverkargatan 1, www.stockholm.se/cityhall, Führungen tgl. 12 und 14 (schwedisch), im Sommer tgl. von 9.30–16 Uhr (englisch), sonst kürzer, eingeschränkte Öffnungszeiten bei besonderen Veranstaltungen

■ Turm: Juni–Aug. 9–15.45 Uhr, alle 45 Min. wird eine neue Gruppe von 27 Besuchern eingelassen, Vorverkauf für alle Besteigungen des Tages ab 8.30 Uhr möglich, 80 SEK

2 Sergels torg und Kulturhuset

| Platz |

Stockholm ist eine der schönsten Städte Europas. Der zentrale Platz, der Sergels torg, ist aber von ausgesuchter Hässlichkeit – und trotzdem besuchenswert. Am Sergels torg schlägt das Herz der Stadt, hier finden Demonstrationen und Feiern statt, beispielsweise dann, wenn das schwedische Eishockeyteam wieder einmal einen großen Sieg errungen hat. Bei solchen Gelegenheiten werden die Wasserfontänen, die den »Vertical Accent«, einen 37 m hohen Glasobelisken, umrahmen, schon mal als Dusche gebraucht.

Am Rande des Platzes liegt das Kulturhuset, ein Funktionsbau von 1974. Hier wurde das Konzept eines Bürgerhauses konsequent umgesetzt. Das Kulturhuset ist ein »Wohnzimmer für alle Stockholmer«. Es finden kostenlose Ausstellungen statt, Cafés und Restaurants bieten preisgünstiges Essen. Im Sommer bietet ein Dachrestaurant Blick auf den Platz. Sogar das Stadttheater ist ins Kulturhuset eingezogen.

■ www.kulturhusetstadsteatern.se, T 10, 11, 13, 14,17,18,19 Centralen

3 Hötorget und Konserthuset

| Platz |

Auf dem Markt am Hötorget verkauften schon im 13. Jh. die Bauern aus dem Umland ihre Waren. Heute sind die Händler zwar keine Bauern mehr, Lebensmittel kann man am Hötorget aber immer noch kaufen (Mo–Sa). An dem Platz steht auch das Konzerthaus, das 1926 nach Plänen des schwedischen Architekten Ivar Tengbom erbaut wurde. Hier werden alljährlich am 10. Dezember die Nobelpreise verliehen.

■ T 17,18, 19 Hötorget

4 Kungsträdgården

| Park |

Der Kungsträdgården war wirklich einmal das, was sein Name anzeigt: der königliche Garten. Heute ist die Mischung aus Platz und Parkanlage Treffpunkt für Anwohner und Besucher. Im Sommer kann man hier Kaffee trinken, Schach spielen oder Straßenmusikern zuhören. Am Rande des Kungsträdgården erhebt sich die Kungliga Operan (S. 79).

■ Jussi Park, Björlings allé 5, T 11, 12 Kungsträdgården

5 Kungliga slottet

| Schloss |

Das Königliche Schloss – 1750 im Barockstil erbaut – hat über 600 Räume. Es ist der Arbeitsplatz des amtierenden Königs und wird für Repräsentationszwecke genutzt. Die Representationsvåningarna sind der Teil der Gemächer, in denen Carl XVI. Gustaf Gäste empfängt. Der üppig ausgestattete Reichssaal mit dem Silberthron von Königin Christina (1626–1689), in dem einst die Vertreter der Stände empfangen wurden, wird heute für Feste und Konzerte genutzt. Hier fand auch die Hochzeitsfeier von Kronprinzessin Victoria und Daniel Westling statt. In der Schatzkammer, der Skattkammaren, sind die schwedischen Reichskleinodien ausgestellt – Krone, Zepter, Reichsapfel und der Reichsschlüssel von König Erik XIV. sowie das Reichsschwert König Gustav Vasas, eine wunderschöne Augsburger Arbeit von 1541.

Im Museum Tre Kronor wird die Geschichte des Vorgängerbaus des heutigen Schlosses nachgezeichnet und im Antikmuseum von Gustav III. ist die Privatausstellung der Skulpturen des kunstsinnigen Königs zu sehen. Gustav III., der 1792 bei einem Maskenball ermordet wurde, brachte viele Ausstellungsstücke von seinen Reisen nach Italien mit. In der königlichen Rüstkammer, der Livrustskammaren, kann man alte Paradewagen, Rüstungen, Jagdwaffen und Gewänder bewundern. In der Slottskyrkan, der Schlosskirche, werden traditionell Schwedens Prinzen und Prinzessinnen getauft. Sonntags um 11 Uhr findet ein Gottesdienst statt.

■ Schloss und Museum Tre Kronor: Führungen Tel. 08/4 02 61 30, www.kungahuset.se, Mai–Okt. tgl. 10–16, Nov.–April tgl. 10–17 Uhr, 180 SEK (gilt auch für Representationsvåningarna, Skattkammaren, Museum Tre Kronor und Antikmuseum), T 13,14,17,18, 19 Kungliga Slottet

■ Antikmuseum und Slottskyrkan: Mai–Sept.10–17 Uhr

■ Livrustskammaren: Di–So 11–17, Do bis 20 Uhr

■ Wachablösung: Mo–Sa 12.15, So 13.15 Uhr

ADAC Spartipp

Klassik im Opernhaus kann man nicht nur am Abend genießen. Im Sommer gibt es am Nachmittag im Foyer der Kungliga Operan Konzerte – Preis ab 220 SEK, Termine und Tickets www.operan.se/en/repertoire

6 Riddarhuset

| Architektur |

Das Ritterhaus (erbaut zwischen 1641 und 1674) war der Palast des schwedischen Adels. An den Wänden im ersten Stock des Gebäudes hängen 2325 kupferne Wappenschilder aller Adels-

Der Stortorget existiert seit dem Mittelalter und ist heute Stockholms schönster Platz

geschlechter. Vor dem Ritterhaus steht ein Bronzestandbild von Gustav Vasa aus dem Jahr 1774.

■ Riddarhustorget 10, Tel. 08/723 39 90, www.riddarhuset.se, Ende Juni–Mitte Aug. Mo–Fr 10–13 Uhr, 60 SEK, T 13,14,17,18,19 Gamla Stan

7 Riddarholmskyrkan

| Kirche |

Die Ende des 13. Jh. im gotischen Stil erbaute Riddarholmskyrkan gehörte einst zu einem Franziskanerkloster, das heute nicht mehr existiert. Im Laufe der Zeit wurde die Grabkirche der schwedischen Könige beständig erweitert. Den gusseisernen Turmhelm fügte man 1841 an. Eindrucksvoll sind im Inneren die barocken Grabkapellen zu Ehren von Karl X. und Gustav II. Adolf.

■ Birger Jarls torg, Juni–Sept. tgl. 10–17, Okt., Nov. Sa, So 10–16 Uhr, 60 SEK, T 13,14,17,18,19 Gamla Stan

8 Storkyrkan

| Dom |

Der Dom ist eine der ältesten Kirchen der Stadt. Erstmals urkundlich erwähnt wurde er 1279. Der Kirchturm ist 66 m hoch, in ihm hängen vier Kirchenglocken, deren größte 4,5 t wiegt. Der Altar aus Ebenholz stammt aus dem 17. Jh., seine Mitteltafel wurde in Deutschland gefertigt. Ebenfalls eine deutsche Arbeit ist der aus dem 15. Jh. stammende 3,70 m hohe siebenarmige Leuchter vor dem Altar. Der größte Kunstschatz ist die Eichenholzskulptur des Heiligen Georg mit dem Drachen, die der Lübecker Bildhauer Bernt Notke 1489 schuf. Die Storkyrkan war einst Krönungskirche des schwedischen Königshauses. Heute wird sie für königliche Hochzeiten genutzt – 1976 gaben sich König Carl XVI. Gustaf und Königin Silvia das Ja-Wort, 2010 Kronprinzessin Victoria und Prinz Daniel.

■ Slottsbacken, Tel. 08/723 30 00, Okt.–April tgl. 9–16, Mai–Sept. tgl. 9–17 Uhr, 60 SEK, T 13,14,17,18,19 Gamla Stan

9 Nobelpreismuseum

| Museum |

Rund um den Stortorget liegen bunt bemalte Kaufmannshäuser, allesamt nach dem großen Stadtbrand von 1625 erbaut. In der ehemaligen Börse auf der Nordseite des Platzes (aus dem Jahr 1778) ist das Nobelpreismuseum untergebracht. Es zeichnet das Leben des Preisstifters Alfred Nobel nach und stellt die Träger des prestigeträchtigsten Preises der Welt vor.

■ Stortorget 2, Tel. 08/534 818 00, www.nobelprizemuseum.se, Di–So 10–17, Fr bis 21 Uhr, 130 SEK, T 13,14,17,18,19 Gamla Stan

10 Tyska kyrkan

| Kirche |

Die im 14. Jh. erbaute Deutsche Kirche erhielt ihr heutiges Aussehen bei mehreren Umbauarbeiten im 16. und 17. Jh. Den Turm fügte man erst 1879 an. Erbaut wurde er von dem Berliner Architekten Julius Carl Raschdorff, seines Zeichens Architekt des Berliner Doms. Sonntags um 11 Uhr findet ein Gottesdienst in deutscher Sprache statt.

■ Svartmangatan 16, Tel. 08/411 11 88, www.svenskakyrkan.se/deutschegemeinde, Mai–Juni tgl.11–15, Juli–Mitte Aug. tgl.10.30–16.30, Mitte Aug.–Ende Aug. tgl.11–15, Sept.–April Mi, Fr, Sa 11–15, So 12.30–15 Uhr

11 Stadsmuseet

| Museum |

Das Stadtmuseum zeichnet die Geschichte der schwedischen Hauptstadt von der Gründung bis zur Jetztzeit nach, darunter werden auch ganz aktuelle Themen den Besuchern zur Diskussion vorgestellt. Die vom Museum veranstalteten Touren, u. a. eine auf den Spuren des Schriftstellers Stieg Larsson, finden regen Zuspruch.

■ Ryssgården/Slussen, www.stadsmuseet.stockholm.se, 21. Juni–Mitte Aug. Di–So 11–17, sonst Di 11–20, Mi 11–17, Do 11–20, Fr–So 11–17 Uhr, T 13,14,17,18,19 Slussen

12 Fotografiska museum

| Kunstmuseum |

Das großartige Fotografische Museum im Stadtteil Södermalm ist die Plattform für vier große und gut ein Dutzend kleinere Wechselausstellungen pro Jahr. Das Restaurant im Obergeschoss punktet nicht nur mit seiner ausgezeichneten Küche, sondern auch mit einem tollen Blick auf Gamla stan mit dem Königsschloss und die Insel Skeppsholmen. Ungewöhnlich sind die Öffnungszeiten des Museums bis spät in die Nacht – das Fotografiska museum hat sogar eine eigene Bar.

■ Stadsgårdshamnen 22, Tel. 08/50 90 05 00, www.fotografiska.com, tgl. 10–23 Uhr, 210 (online) bzw. 225 SEK, unter 12 J. frei, T 13,14,17,18,19 Slussen

13 Nationalmuseum

| Kunstmuseum |

2 *Das bedeutendste Museum des Landes zeigt europäische Kunst*

Das schwedische Nationalmuseum wurde Mitte des 19. Jh. von einem deutschen Baumeister erbaut. Friedrich August Stüler, der u. a. das Neue Museum in Berlin und das Schweriner Schloss entwarf, zeichnete für den Bau verantwortlich. Neben den Schlüsselwerken der schwedischen Kunst sind vor allem die Rembrandt-Sammlung und die Sammlung von Werken französischer Maler – darunter Cézanne,

ADAC Spartipp

In 17 Museen der Stadt ist der Eintritt frei. Dazu gehörten auch das Moderna museet und das Nationalmuseum (jeweils die Dauerausstellung). Eine vollständige Liste gibt es hier: www.visitstockholm.com/sv/guider/museer-med-gratis-intrade

Degas, Gauguin, Monet und Manet – bemerkenswert.

■ Södra Blasieholmen, www.nationalmuseum.se, Di, Mi, Fr 11–17 Uhr, Do 11–20, Sa, So 10–17 Uhr, Eintritt frei, T 10, 11 Kungsträdgården

14 Moderna museet

| Kunstmuseum |

Blickfang vor dem Museum sind die überlebensgroßen, bunten Fantasiefiguren, genannt »Das Paradies«, von Niki de Saint Phalle und Jean Tinguely. Die Sammlung umfasst Kunst von 1900 bis in die Gegenwart, vertreten sind alle bedeutenden schwedischen Künstler dieser Zeit, aber auch internationale Namen wie Picasso, Dalí und Matisse. Regelmäßig finden Wechselausstellungen statt. Im selben Gebäude ist das Architekturmuseum untergebracht. Der Blick von der Sonnenterrasse des Museumsrestaurants aufs Wasser und die Insel Djurgården ist fantastisch.

■ Slupskjulsvägen 7, Tel. 08/52 02 35 00, www.modernamuseet.se, Di, Fr 10–20, Mi, Do, Sa, So 10–18 Uhr, Dauerausstellung Eintritt frei, Wechselausstellungen Eintritt, T 10, 11 Kungsträdgården

15 Nordiska museet

| Museum |

Das Nordische Museum befindet sich in einem riesigen palastähnlichen Bau aus der Mitte des 19. Jh. und beheimatet Sammlungen zur Kulturgeschichte, zum Brauchtum und zur neueren Geschichte Schwedens. Dazu gibt es häufig sehr interessante Sonderausstellungen zu sehen.

■ Djurgårdsvägen 6–16, www.nordiskamuseet.se, tgl. 10–17, Sept.–Mai Mi bis 20 Uhr, 140 SEK, unter 18 J. Eintritt frei, Bus 44,47

16 Vasamuseet

| Museum |

1 *Auf den Spuren des größten Schiffs des 17. Jahrhunderts*

333 Jahre lag das größte Kriegsschiff des 17. Jh. auf dem Grund der Stockholmer Hafeneinfahrt, erst 1956 wurde es von einem Hobbyforscher wiederentdeckt. 1961 konnte die »Vasa« in ein Trockendock geschleppt werden. Es begann eine aufwendige Restaurierung, deren unglaubliches Ergebnis man heute im Vasamuseet sieht. Auf drei Galerien ist der Schiffsrumpf von Nahem zu betrachten. Am Bug befindet sich als Galionsfigur ein 4 m langer springender Löwe in Anspielung auf König Gustav II. Adolf, der auch »Löwe des Nordens« genannt wurde. Praktisch das gesamte Heck ist mit Figuren und Ornamenten geschmückt.

Heute wirkt die »Vasa« düster, doch als das Schiff zu seiner Jungfernfahrt aufbrach, war das anders. Erst vor einigen Jahren gelang es nach Analyse von über 1000 Pigmenten, die Farben der Skulpturen zu rekonstruieren. Nun gibt es ein Modell, das die »Vasa« in ihrer wahren Farbenpracht zeigt, mit rotem Rumpf und bunten Figuren.

■ Galärvarvsvägen 14, www.vasamuseet.se, Juni–Aug. tgl. 8.30–18, sonst 10–17, Mi 10–20 Uhr, 190 SEK (Okt.–April 170 SEK), unter 18 J. frei, Bus 44, 47

Im Blickpunkt

Der Untergang der »Vasa«

1626 kämpfte das protestantische Schweden unter Führung von Gustav II. Adolf im Dreißigjährigen Krieg gegen die Katholische Liga in Polen und Deutschland. Auf dem Wasser waren die Schweden den Feinden unterlegen und so schickte der König den Befehl nach Stockholm, schnellstmöglich neue Kriegsschiffe zu bauen.
Damals wurden beim Schiffsbau keine statischen Berechnungen angestellt oder Bauzeichnungen verwendet. Das Gelingen oder Misslingen hing allein vom Geschick des Schiffbauers ab. Ein Schiff von der Größe der »Vasa« hatte damals aber noch niemand gebaut.
Drei Jahre lang arbeiteten Zimmerleute, Schmiede und Segelmacher am neuen Flaggschiff der Flotte. Aus tausend Eichen entstand der mit Schnitzereien verzierte Rumpf. Über 50 m hoch waren die Masten, mit 64 Kanonen war die »Vasa« bewaffnet und die Besatzung war 450 Mann stark.
Als das Schiff am 10. August 1628 in See stach, herrschte Königswetter. Die Sonne schien, der Wind wehte nur schwach. Stockholm feierte ein großes Fest. Das allerdings endete in einer Katastrophe. Ein leichter Windstoß brachte das Schiff nach nur wenigen Metern so stark ins Wanken, dass Wasser durch die offenen Kanonenpforten strömte. Die »Vasa« war verloren.
Heute weiß man, dass das Schiff wegen seiner mächtigen Aufbauten zu instabil war. Und daran hatte der König eine gehörige Mitschuld. Er hatte nämlich, entgegen der ursprünglichen Absicht, kurzfristig den Befehl gegeben, ein zweites Kanonendeck einzuziehen und möglichst viele und schwere Kanonen an Bord zu nehmen. Dadurch aber war das Schiff höher und kopflastiger geworden, der Tiefgang zu gering. Deswegen war das Schicksal des Schiffes eigentlich schon vor dem Stapellauf besiegelt.

17 ABBA The Museum

| Museum |

Das ABBA-Museum zeichnet den Weg einer der berühmtesten Bands aller Zeiten nach. 400 Mio. Schallplatten haben Agnetha Fältskog, Björn Ulvaeus, Benny Andersson und Anni-Frid Lyngstad verkauft – und Jahr für Jahr kommen Millionen weitere dazu, obwohl die Band schon seit 1982 nicht mehr existiert. Nur die Beatles und Elvis waren noch erfolgreicher. 1974 startete die Weltkarriere, als ABBA mit dem Song »Waterloo« den Eurovision Song Contest gewann. Im ABBA The Museum, wie es sich für Weltstars gehört, firmiert das Stockholmer Museum unter englischem Namen. Hier kann jeder den Verlauf der Karriere des Popquartetts – im richtigen Leben zwei Paare – nachvollziehen. Sogar die Ferienhütte der Band wurde im Museum nachgebaut, einschließlich Ausblick auf das Meer, der per Video eingespielt wird. Auf einer Bühne kann sich jeder als »fünfter ABBA« versuchen und, modernste Technik macht's möglich, mit seinen Lieblingen zusam-

Prachtvolle Fehlkonstruktion: Die »Vasa« kenterte bereits auf der Jungfernfahrt

men performen. Weitere Highlights der Ausstellung sind die unvergessenen Bühnenkostüme, die Sammlung von Trophäen – u. a. die unzähligen »Bravo Ottos« – und Mitschnitte der größten Konzerte.

■ Djurgårdsvägen 68, Tel. 08/12 13 28 60, www.abbathemuseum.com, Juni–Aug. tgl. 9–20, sonst meist bis 18 Uhr, 220–280 SEK, bis 15 J. 80–110 SEK (variable Preise abhängig von Zeit und Auslastung), Ticketbuchung auch online möglich, Bus 44, 47

18 Skansen

| Freilichtmuseum |

3 *Einen Spaziergang durch ganz Schweden machen*

Der Besuch von Skansen ist wie eine Reise durch Schweden im Kleinen – allerdings nicht durch das Schweden der Gegenwart, sondern das vor der Industrialisierung. Schon 1891 öffnete Skansen seine Tore – damit ist es das älteste Freilichtmuseum der Welt. Aus allen Teilen des Landes wurden alte und erhaltenswerte Gebäude hierhergeschafft und wieder aufgebaut. Heute kann man über 150 historische Gebäude sehen. Im angeschlossenen Tierpark werden vor allem in Nordeuropa wild lebende Arten gehalten.

■ Djurgårdsslätten 49, www.skansen.se, Mai–Sept. tgl. 10–18, April tgl. 10–16, sonst Mo–Fr 10–15, Sa, So 10–16 Uhr, ab 160 SEK (je nach Jahreszeit), Kinder 70 SEK, Bus 44, 47

19 Rosendals slott

| Schloss |

Zwischen 1823 und 1827 ließ Karl XIV. Johan auf Djurgården ein Lustschloss errichten, in dem er sich von den Regierungsgeschäften erholen konnte. Das Interieur mit prunkvollen Möbeln, Teppichen, Textilien und Kunstwerken ist originalgetreu erhalten.

■ Rosendalsvägen 49, www.kungahuset.se, Mitte Juni–Mitte Aug. Di–So Führungen 12, 13, 14, 15 Uhr, 100 SEK, Bus 44, 47 plus 1 km Fußweg

20 Prins Eugens Waldemarsudde

| Kunstmuseum |

Prinz Eugen (1865–1947), der Sohn König Oskars II., ist in Schweden als der »Malerprinz« bekannt. Der talentierte Landschaftsmaler schuf u. a. die Fresken im Stockholmer Rathaus und die Wandgemälde im Opernhaus. Im Jahr 1905 ließ er auf einer Landzunge auf Djurgården ein schlossähnliches Haus bauen. Dort lebte und arbeitete er. Und hier hatte er auch Platz für seine üppige Kunstsammlung mit Werken der damals wichtigsten Maler. Deswegen kann man heute in Waldemarsudde nicht nur Gemälde des Prinzen betrachten, sondern auch Werke großer schwedischer Künstler des 19. und 20. Jh. Im Garten von Waldemarsudde, von dem man einen schönen Blick aufs Wasser hat, stehen u. a. Skulpturen von Carl Milles und Auguste Rodin.

ADAC Mobil

Am einfachsten und schönsten kommt man mit der **Fußgängerfähre** nach **Djurgården**. Von der Haltestelle bei Slussen (am Südostufer von Gamla stan) verkehren regelmäßig städtische Fähren nach Djurgården (dort liegt die Haltestelle auf Höhe des Freizeitparks Gröna Lund). Während der Überfahrt genießt man einen traumhaften Blick auf die Altstadt. Das Beste: Für die Fährüberfahrt bezahlt man nur den Preis eines normalen Bustickets.

■ Prins Eugens väg 6, www.waldemarsudde.se, Di–So 11–17, Do bis 20 Uhr, 150 SEK, unter 18 J. frei, Trambahn 7

21 Skyview am Ericsson Globe (Globen)

| Aussichtspunkt |

Die Mehrzweckhalle wurde zur Eishockeyweltmeisterschaft 1989 erbaut und bietet 16 000 Zuschauern Platz. Schon von Weitem sieht man die 85 m hohe weiße Kuppel mit 110 m Durchmesser, die wie ein riesiges Ei wirkt. Seit 2010 kann man mit dem »Skyview«, einer gläsernen Gondel auf Schienen, an der Außenhaut des Gebäudes zu dessen höchstem Punkt hinauffahren. Perfekte Aussicht ist garantiert. Die 130 m lange Strecke dauert 20 Min.

■ Globentorget 2, Tel. 0771/31 00 00, www.stockholmlive.com/en/skyview, Mo–Fr 10–16 Uhr, letzte Gondelabfahrt jeweils 10 Min. früher, 160 SEK, bis 12 J. 120 SEK, am besten vorab online buchen, T 29 Globen

22 Drottningholm

| Schloss |

2 *Prachtvolles Barockschloss in perfekter Lage am See*

Das prunkvolle Drottningholm liegt am Rande der schwedischen Hauptstadt am Ufer des Mälaren. Seit 1991 gehört es zum Unesco-Welterbe. Obwohl hier das schwedische Königspaar wohnt, sind einige Räume für die Öffentlichkeit zugänglich. Im 16. Jh. stand an derselben Stelle ein Schloss, das bereits Drottningholm hieß. Nachdem es einem Großbrand zum Opfer gefallen war, machte man sich 1662 an den Neubau – der dauerte fast 20 Jahre. Höhepunkte eines Besuchs sind u. a. der Ehrenstrahl-Raum mit Gemälden von David Klöcker

Plan S. 68/69

Gefällt Ihnen das?

Wenn Sie sich vorstellen, der Globen wäre ein Modell für die Sonne, dann können Sie Ihre Reise durch Schweden gleichzeitig zu einer Tour durch das weltgrößte Modell des Sonnensystems machen. Das **Sweden Solar System** ist ein maßstabsgetreues Modell unseres Sonnensystems mit dem Ericsson Globe (S. 77) als Zentralgestirn. Das im Durchmesser 25 cm große Modell des Merkurs finden Sie 2,9 km vom Globen entfernt im Stockholmer **Stadsmuseet** (S. 73), das Model der Erde 7,6 km entfernt im **Naturhistoriska riksmuseet** (Frescativägen 40). Um das nur 12 cm große **Modell des Pluto** zu sehen, müssen Sie schon 300 km fahren. Es steht in einem Park in der Gemeinde Delsbo bei Hudiksvall.
www.swedensolarsystem.se/en

Ehrenstrahl. Der in Hamburg geborene Künstler gilt als »Vater der schwedischen Malerei«. Das Prunkschlafzimmer der ebenfalls aus Deutschland stammenden Königin Hedvig Eleonora (1636–1715) ist ein weiterer Höhepunkt des Rundgangs.Das kleine China-Schloss, im Südteil des weitläufigen Parks, war ein Geburtstagsgeschenk König Adolf Frederiks (1710–1771) an seine Gemahlin Lovisa Ulrika von Preußen. Im 1766 errichteten Schlosstheater werden bis heute Stücke aufgeführt. Die Bühnendekoration wird wie in alten Zeiten mit den originalen Maschinen bewegt. Auch die Innengestaltung des Theaters ist original.

■ www.kungahuset.se, Mai–Sept. tgl 10–17. Okt.–April 10–16 Uhr, 140 SEK, inkl. China-Schloss 210 SEK, bis 17 J. 70 SEK

Verkehrsmittel

Der öffentliche Nahverkehr ist in Stockholm hervorragend ausgebaut. Die meisten Sehenswürdigkeiten erreicht man problemlos mit der Tunnelbana (T; U-Bahn). Tickets für Busse muss man im Vorverkauf erwerben (u. a. bei den Kiosken von Preyybyrån) oder mit Kreditkarte mit NFC-Funktion bezahlen. Wer mit dem Auto in die Stadt einfährt, muss eine Citymaut bezahlen (6–18.29 Uhr; Tarife unterschiedlich je nach Tag und Tageszeit zwischen 11 und 45 SEK). Anhalten muss man dafür nicht, es wird einfach das Nummernschild fotografiert und die Rechnung nach Hause geschickt (auch ins Ausland).

Parken

Parkplätze findet man im Zentrum kaum. Wenn doch, muss man die Gebühr meist mit Kreditkarte bezahlen.

Restaurants

€€ | Ulla Winbladh Hier kommt typisch schwedische Hausmannskost auf den Tisch: Hering, Fischtopf und natürlich »köttbullar«, Fleischbällchen mit Preiselbeeren. Im Sommer sitzt man wunderbar draußen, sonst im historischen Gebäude von 1897. Der Name des Restaurants geht auf eine Figur des schwedischen Liederdichters Carl Michael Bellman zurück. ■ Rosendalsvägen 8, Tel. 08/53 48 97 01, www.ullawin bladh.se. Plan S. 68/69 e3

4 **€€€ | Stadshuskällaren** Im Keller des Stadshuset ist jeder ein Nobelpreisträger – zumindest was das

Schloss Drottningholm gehört zum Unesco-Weltkulturerbe

Essen angeht. Wer es sich leisten mag und einige Tage im Voraus bestellt, kann sich jedes Nobelpreismenü seit 1901 servieren lassen. Für den kleineren Geldbeutel empfiehlt sich der Business Lunch. ■ Hantverkargatan 1, Tel. 08/58 62 18 30, www.stadshuskallarensthlm.se, Mittagessen Mo–Fr, Dinner Mi–Sa. Plan S. 68/69 a3

Einkaufen

Östermalms Saluhall 1888 wurde die Markthalle fertiggestellt und durch König Oskar II. eröffnet. Zwischen 2016 und 2020 wurde die Lieblingsmarkthalle der Stockholmer renoviert. Seitdem erstrahlt sie wieder in neuem Glanz und lockt Scharen von Feinschmeckern und Neugierigen an. ■ Östermalmstorg, www.ostermalmshallen.se, Mo–Fr 9.30–19, Sa 9.30–17 Uhr. Plan S. 68/69 c2

Bühne

Operan Die Oper, erbaut 1898, ist außerhalb der Vorstellungen mit Führung zu besichtigen. Programm siehe Webseite. ■ Gustav Adolfs torg 2, Führung Sa 13 Uhr (englisch), nach Vorausbuchung, www.operan.se/repertoarsida/guidad-visning. Plan S. 68/69 c3

Kneipen, Bars und Clubs

Under Stjärnorna „Unter den Sternen“ – ein passender Name für die wohl schönste Rooftop-Bar Stockholms. Entspanntes Flair, gute Cocktails und ein toller Blick über das Zentrum. Nur im Sommer geöffnet. ■ Brunkebergstorg 2–4, www.sthlmunderstjarnorna.com, tgl. 15–24 Uhr, S. 68/69 c3

Kvarnen Die Bierhalle verströmt klassische Pubatmosphäre. Sie gehört zu den angesagten Ausgehadressen in

Södermalm. Auch ein Restaurant, zwei Clubs sowie Außenterrasse (April-Okt.). ■ Tjärhovsgatan 4, Tel. 08/643 03 80, www.kvarnen.com, Mo, Di 11-1, Mi-Sa 11-3, So 12-1 Uhr. Plan S. 68/69 südl. c5

Debaser Club mit Livekonzerten, junges und alternatives Publikum, tolle Lage. ■ Hornstulls Strand 4 u. 9, Södermalm, Tel. 08/462 98 60, www.debaser.se. Plan S. 68/69 westl. a5

Kinder

Gröna Lund ist Schwedens ältester Freizeitpark. Neben den Kirmesattraktionen und Fahrgeschäften ist die Musikbühne beliebt, auf der regelmäßig Stars auftreten. ■ Lilla Allmänna gränd 9, Tel. 010/708 91 00, www.gronalund.com, Ende April–Ende Sept., Öffnungszeiten s. Webseite, meist 10/11–22/23 Uhr, Preise je nach „Fahrpaket", Plan S. 68/69e4

Vikingaliv Das 2017 eröffnete Wikingermuseum zeigt eine kleine Ausstellung. Danach kann man in einer Bahn durch das Leben einer Wikingerkönigin fahren. ■ Djurgårdsstrand 15, Tel. 08/400 229 90, www.thevikingmuseum.com, tgl. 10–18, Di bis 20 Uhr, 179 SEK, Kinder 139 SEK. Plan S. 68/69e3

Erlebnisse

Takvandring Bei einer geführten Dachwanderung auf der Insel Riddarholmen erlebt man die Altstadt spektakulär von oben. ■ www.takvandring.com, 595 SEK

In der Umgebung

Björkö
| Archäologische Stätte |

Etwa 30 km westlich von Stockholm liegt die Insel Björkö im Mälarsee. Zur Wikingerzeit war der See noch eine Bucht der Ostsee, sodass die Insel gut geschützt lag, aber Anschluss an die großen maritimen Handelsrouten hatte. Im 8. Jh. – nach neuesten Erkenntnissen möglicherweise sogar früher – gründeten die Wikinger auf Björkö die Siedlung Birka und diese war bis ins 10. Jh. hinein der wichtigste Handelsplatz. Seit 1993 gehört die Insel zum Unesco-Welterbe.

Im Museum Birka Vikingstaden geben Exponate eine Vorstellung davon, wie das Leben hier vor über tausend Jahren ausgesehen haben könnte.

■ Ende April–Ende Sept. tgl. 12–15, im Sommer bis 17 Uhr, Der Ausflugsdampfer ab Stockholm legt am Pier an der Stadshusbron ab, Fahrtdauer ca. 2 Std., Hin- und Rückticket 345 SEK, 6–15 J. halber Preis, www.birkavikingastaden.se

2 Norrtälje

Die Stadt ist das Zentrum der bezaubernden Region Roslagen

Information

■ Norrtälje tourist information centre, Lilla Brogatan 3B, 76130 Norrtälje, Tel. 0767/65 06 60, www.roslagen.se

Norrtälje, rund 70 km nördlich von Stockholm, ist ein gemütliches Städtchen, das sich sein mittelalterliches Straßennetz und etliche historische Holzhäuser bewahrt hat. Was Urlauber hierher zieht, sind keine großen Sehenswürdigkeiten, vielmehr ist es die angenehme Lebensart, die der Ort ausstrahlt. Es gibt kleine Geschäfte, viele Cafés, Restaurants und Galerien – und die Musik. Höhepunkt sind die Norrtälje's Jazz Days im Sommer.

Ebenso fällt die schöne Natur der Umgebung ins Gewicht. Norrtälje ist das Zentrum von Roslagen, eines Küstenabschnitts mit vorgelagerten Felseninseln und somit ein wahres Paradies für Kanuten und Kajakfans.

Sehenswert

Konsthall

| Kunstmuseum |

In wechselnden Ausstellungen präsentiert dieses auch architektonisch interessante Haus zeitgenössische Kunst. Zu jeder Ausstellung gibt es ein umfangreiches Begleitprogramm.

■ Galles gränd 7, www.norrtalje.se/konsthall, Di 12–18, Mi 12–16, Fr 11–16, Sa, So 12–16 Uhr, Eintritt frei

Wandern

Roslagsleden Durch die Region Roslagen führt ein 190 km langer Wanderweg, der in elf Tagesetappen mit unterschiedlicher Länge (9–25 km) eingeteilt ist. Entlang der Strecke sind zahlreiche Hotels und B&Bs auf müde Wanderer eingestellt. Wanderkarten sind beim Tourismusbüro in Norrtälje erhältlich.

In der Umgebung

Öregrund

| Badeort |

5 *Malerisches Städtchen am Meer mit vielen Sommergästen*

Öregrund, 80 km nördlich von Norrtälje, ist seit mehr als hundert Jahren ein beliebter Bade- und Ferienort – und er ist es bis heute geblieben. Ende des 19. Jh. wurden die ersten Urlauberhäuser mit großzügigen Veranden gebaut. Viele davon stehen heute

Öregrund – ein Paradies für Badefans und Freizeitkapitäne

noch. An schönen Sommertagen wimmelt es vor Ausflüglern. Sportlich Aktive starten hier mit dem Kajak, die anderen genießen den Blick aufs Meer z. B. von der Terrasse eines Hafenrestaurants. Frisch geräucherten Fisch und andere Seafood-Spezialitäten kann man sich u. a. an den Tischen vor der Räucherei Strandnära schmecken lassen – natürlich mit Meerblick (Skatgränd 1B, www.strandnaraoregrund.se). Der Anbieter Bo & Kajak verleiht Paddelboote und Kajaks, Zelt- und Angelausrüstungen und organisiert individuelle Mehrtagestouren, bei denen die Teilnehmer im Zelt oder in Hütten übernachten (Tel. 070/280 54 42, www.bokajak.se).

3 Uppsala

Quirlige Studentenstadt mit großem historischen Erbe

Der Dom von Uppsala ist das größte Gotteshaus des Nordens

Information

- Uppsala Information Point im Uppsala Konstmuseet Drottning Christinas väg 1E, 752 37 Uppsala,Tel. 018/727 48 00, www.destinationuppsala.se
- Parken: siehe S. 85

Uppsala ist mit rund 150 000 Einwohnern die viertgrößte Stadt und einer der größten Besuchermagneten des Landes. Das liegt zum einen an den vielen historischen Bauten – u. a. dem mächtigen Dom und dem Vasa-Schloss –, die Zeugnis ablegen von der langen, bewegten Geschichte, zum anderen an der berühmten Universität. 40 000 Studierende aus dem In- und Ausland besuchen nicht nur die Vorlesungen, sondern auch die vielen Kneipen und Cafés. Sie geben der Stadt am Flüsschen Fyrisån ein weltoffenes Flair. Museen, Theater und Galerien sorgen für ein reiches Kulturangebot und die breite Fußgängerzone bietet ein angenehmes Pflaster für ausgedehnte Einkaufsbummel.

Uppsala hat zwei Stadtkerne, die sich in verschiedenen Epochen entwickelten. Gamla Uppsala (Alt-Uppsala), 5 km nördlich des heutigen Zentrums, war bereits in vorchristlicher Zeit ein religiöses und politisches Machtzentrum, ein Thingplatz, wo wichtige Versamm-

Plan S. 85

lungen abgehalten wurden. Im Zuge der Christianisierung Schwedens im 11. Jh. wurde der heidnische Tempel zerstört, eine Kirche und die Residenz des Erzbischofs errichtet. Zu dieser Zeit gewann die benachbarte Siedlung Östra Aros – das heutige Uppsala – als Hafen und Handelsplatz an Bedeutung und übernahm schließlich den Namen Uppsala. 1237 zog der Erzbischof hierher. Einer seiner Nachfolger gründete 1477 die erste Universität Nordeuropas, und die Stadt entwickelte sich zu einer Hochburg des geistigen Lebens. Der berühmte Botaniker Carl von Linné (1707–1778) wirkte hier als Dozent, später auch als Rektor.

Sehenswert

1 Uppsala Domkyrka

| Dom |

3 *Der Dom ist eine der bedeutendsten Kirchen im Land*

Der gotische Dom, zwischen 1270 und 1435 erbaut, gehört zu den eindrucksvollsten Gotteshäusern Nordeuropas. Mit seinem 107 m langen Hauptschiff ist er auch das größte. 1702 ausgebrannt, wurde das Bauwerk in den 1740er Jahren aufwendig restauriert. Dabei erhielt es auch völlig neu gestaltete Türme. Im 19. Jh. besserte man nach damaligem Zeitgeschmack neogotisch nach – bei Restaurierungen in jüngster Zeit haben sich Architekten bemüht, dem Dom sein ursprüngliches, mittelalterliches Erscheinungsbild zurückzugeben.

Beachtenswert ist das Südportal (nicht der Haupteingang!), das Olaf, dem ersten christlichen König Schwedens, gewidmet ist. Die Olaf-Statue stammt aus dem frühen 14. Jh. Zwischen 1440 und 1719 wurden Schwedens Könige im Dom von Uppsala gekrönt und einige auch begraben. Die Marienkapelle beim Hochaltar ist die sehenswerte Grabstätte von Gustav Vasa und zwei seiner drei Ehefrauen. Die Finsta-Kapelle links davon birgt den Reliquienschrein des heiligen Erik. Dieser war vier Jahre lang schwedischer König, bevor er 1160 in Uppsala unter mysteriösen Umständen ermordet wurde. Auch der Botaniker Carl von Linné fand im Dom seine letzte Ruhestätte (Grabplatte im Fußboden, links vom Eingang).

In einem der Türme präsentiert das Dommuseum Reichsschwerter, Kronen und andere Schätze.

■ Domkyrkoplan, Dom tgl. 8–18 Uhr, Dommuseum Mai–Sept. Mo–Sa 10–17, So 12.30–17, sonst Mo–Sa 10–16, So 12.30–16.30 Uhr, 50 SEK, bis 17 J. frei

2 Gustavianum

| Museum |

Vom Dom sind es nur wenige Schritte zum Gustavianum, dem ältesten erhaltenen Universitätsgebäude Uppsalas. Das kuppelgekrönte Gebäude stiftete Gustav II. Adolf um 1620. Sehenswert ist das Theatrum Anatomicum, ein Anatomielehrsaal, der mit seinen steil ansteigenden Stehreihen allen Studenten einen guten Blick auf das Geschehen am zentralen Seziertisch gewährte.

Stolz ist das Museum auch auf den Augsburger Kunstschrank, ein Geschenk, das die freie Reichsstadt dem schwedischen König Gustav. II. Adolf zur Zeit des Dreißigjährigen Kriegs (1618–1648) machte.

■ Akademigatan 3, zurzeit wegen Renovierung geschlossen

3 Carolina Rediviva

| Bibliothek |

Das im 19. Jh. errichtete Gebäude beherbergt als Hauptbibliothek der Universität Uppsala tausende wertvolle Handschriften und einen Bestand von rund 5 Mio. Büchern, darunter den weltberühmten »Codex argenteus« aus dem 6. Jh. Die Abschrift einer gotischen Bibelübersetzung zählt zu den ältesten Schriftstücken in einer germanischen Sprache überhaupt.

■ Dag Hammarskjölds väg 1, Mo–Fr 12–16 Uhr, die Ausstellung links hinter dem Eingang ist kostenlos zugänglich

4 Uppsala slott

| Schloss |

Mit dem Bau eines Schlosses auf der Anhöhe wurde im 16. Jh. unter Gustav Vasa begonnen. Der Aufstieg lohnt auch wegen der Aussicht. Wer Lust auf Kunst hat, findet hinter den mächtigen Mauern das städtische Kunstmuseum.

■ Drottning Christinas väg 1E, Di–So 12–16, Do bis 20 Uhr, Eintritt frei

5 Botaniska trädgården

| Botanischer Garten |

Carl von Linné persönlich legte ihn an, heute präsentiert der Botanische Garten 9000 Pflanzenarten aus aller Welt. Einer der Höhepunkte sind die tropischen Gewächshäuser.

■ Villavägen 6–8, www.botan.uu.se, Park Mai–Okt. 7–21, Nov.–April bis 19 Uhr, Eintritt frei, Gewächshaus Juni–Aug Di–Fr 9–16, Do bis 18, Sa, So 11–16, Sept.–Mai Di–Fr 9–15, Sa, So ab 12 Uhr, 50 SEK, bis 17 J. frei

6 Gamla Uppsala

| Archäologische Stätte |

6 *Die eindrucksvollen Grabhügel sind ein beliebtes Ausflugsziel*

Nördlich des modernen Uppsala liegt Gamla Uppsala, einst Hauptsitz der Svear, eines nordgermanischen Stammes, der Mittelschweden beherrschte. Eindrucksvoll sind die Grabhügel, die die Svear hier um 500 n. Chr. für ihre toten Könige errichteten. Über den Ruinen eines heidnischen Tempels, in dem die Wikinger einst ihren Göttern Tier- und Menschenopfer dargebracht haben sollen, wurde im 11. Jh. eine Kirche gebaut. Hier liegt der Physiker Anders Celsius begraben.

Im Gamla Uppsala Museum kann man eintauchen in die Geschichte der Grabhügel und Mythen, die sich um die vorgeschichtliche Siedlung ranken.

■ Disavägen, Grabhügel frei zugänglich, Kirche Juni–Aug. tgl. 9–17, Sept.–Mai tgl. 9–16 Uhr, Museum, www.upplandsmuseet.se/gamla-uppsala-museum, April, Mai, Sept. tgl. 10–16, Juni–Aug. 11–17, Okt.–März Mo, Mi, Sa, So 12–16 Uhr, 100 SEK, bis 17 J. frei

Verkehrsmittel

Die City ist überschaubar und lässt sich gut zu Fuß erkunden. Wer lieber Bus fährt, findet die beste Verbindung vom Start zum Ziel unter www.ul.se.

Parken

Da Parkplätze knapp und kostenpflichtig sind, empfiehlt sich ein **Parkhaus**. Zentral liegt das Parkhaus in der St. Olofsgatan 21, tgl. 5–24 Uhr, Plan S. 85 b1; Gamla Uppsala: kostenloser Parkplatz nahe der Grabhügel.

Restaurants

€ | **Odinsborg** Behagliches Ausflugslokal in Gamla Uppsala. Aufgetischt werden wechselnde Tagesgerichte, Sandwiches und Kuchen – der Kaffee ist inklusive, sonntags Brunch. ■ Ärnavägen 4, www.odinsborg.nu, Mo–Fr 10–17, Sa, So 10–18 Uhr. Plan S. 85 nördl. b1

Einkaufen

Stickspåret Hier gibt's Accessoires, Schönes und Praktisches für Küche und Bad und Damenmode von schwedischen Designern. ■ Roslagsgatan 1, www.sticksparet.se. Plan S. 85 c1

Plan S. 85

Sigtuna zählt zu den ältesten Städten Schwedens

In der Umgebung

Linnés Hammarby

| Museum |

15 km südöstlich von Uppsala gibt das einstige Sommerhaus des verdienten Botanikers Carl von Linné Einblicke in sein Leben und seine zahlreichen Reisen, etwa nach England, Frankreich und Deutschland.

■ Danmarks-Hammarby, www.botan.uu.se, Sept. Fr–So 11–17, Mai–Aug. Di–So 11–17 Uhr, 100 SEK, bis 17 J. frei

4 Sigtuna

Ein authentisches Städtchen mit malerischen Holzhäusern

Information

■ Destination Sigtuna, www.destinationsigtuna.se

Lebhaft geht es in dem 8000-Einwohner-Städtchen im Sommer zu, wenn die Ausflugsboote aus Stockholm und Uppsala Tagesausflügler bringen, die durch die Fußgängerzone mit den hübschen Holzhäusern bummeln, in kleinen Läden stöbern und die Cafés bevölkern. An die große Vergangenheit Sigtunas erinnert heute kaum noch etwas. Die Stadt, an einer Verzweigung des Mälaren gelegen und zu Beginn des 11. Jh. von König Olaf gegründet, gewann als Bischofssitz und Münze an Bedeutung, wurde jedoch im 12. Jh. vom nahegelegenen Uppsala überflügelt.

Sehenswert

Sigtuna Museum

| Museum |

Geschichte von der Steinzeit bis heute präsentiert das Museum der Stadt anhand von Fundstücken und wechselnden Ausstellungen.

■ Stora gatan 55, Di–So 12–16, Juli, Aug. Mo–So 12–16 Uhr, Eintritt Mai–Sept. 60 SEK, bis 19 J. frei

Rådhuset

| Rathaus |

Sigtunas schnuckeliges Rathaus ist angeblich das kleinste in ganz Schweden, erbaut 1744. Der Sitzungssaal ist noch mit originalen Möbeln ausgestattet.

■ Stora torget 4D, Juli–Aug. 11–16 Uhr, Eintritt frei

Mariakyrkan

| Kirche |

Am Rande der Altstadt lohnt die gotische Backsteinkirche (13. Jh.) einen Besuch. U. a. sind einige Wandmalereien aus dem 15. Jh. erhalten. Der Altarschrein ist eine Lübecker Arbeit aus der Zeit um 1480.

■ Olofsgatan 2

Cafés

Tant Bruns Kaffestuga Die urgemütliche Kaffeestube in dem historischen Häuschen reklamiert für sich, das älteste Café Schwedens zu sein – ist aber auch wegen der richtig guten Kuchenspezialitäten einen Besuch wert. Im Sommer lockt der lauschige Garten.

■ Laurentii gränd 3, www.tantbrunsigtuna.se, Mo–Fr 10–17, Sa, So 10–18 Uhr

In der Umgebung

Skoklosters slott

| Schloss |

Lust auf ein stattliches Barockschloss mit Gemälde- und Waffensammlung? Dann auf zum Skoklosters slott! Das Schloss hat sich ein Reichsmarschall im 17. Jh. auf dem Gelände eines abgerissenen Klosters errichten lassen.

■ Von der Straße 263 abgehend, www.skoklostersslott.se/sv, Juni–Aug. tgl. 11–17, Mai, Sept. Sa, So 11–16 Uhr, Eintritt Erdgeschoss frei, Juli/Aug. Führung tgl. 13 Uhr, Wechselausstellungen im Obergeschoss 80 SEK, bis 18. J. frei

5 Västerås

Kopfsteinpflaster, Wikinger und Reformations-Reichstag

Information

■ Västerås Tourist Center, www.visitvasteras.se

Västerås am Mälaren gehörte einst zu den bedeutenden Städten des Landes. Im Mittelalter wurden hier unter der Ägide des Königs Reichstage abgehalten. Als besonders wichtig gilt der des Jahres 1527. Damals wurde unter König Gustav I. Vasa die Einführung der Reformation beschlossen. Heute ist Västerås eine Industriestadt mit knapp 120 000 Einwohnern. Sie lockt im autofreien Zentrum mit Schloss und Marktplatz und so manchem pittoresken Fotomotiv.

Sehenswert

Västerås Domkyrka

| Dom |

Die ältesten Teile dieses Kirchenbauwerks stammen aus dem 13. Jh. In den 1960er Jahren hat man den Dom mit viel Gespür für architektonische Harmonie restauriert und modernisiert. Besonders sehenswert ist der vergoldete gotische Schnitzaltar.

■ Västra Kyrkogatan 10

Västerås slott

| Schloss |

In dem Schloss (13. Jh.), in dem Gustav Vasa den Reformations-Reichstag hielt, kann man im Sommer auf einen Kaffee oder zum Mittagessen einkehren.

■ Slottsgatan, Tel. 021/480 04 67

Anundshög

| Grabhügel |

Die Wikingerstätte mit Grabhügeln, Schiffssetzungen, Steinsetzungen und einem Runenstein liegt am Stadtrand. Der Grabhügel ist mit 9 m Höhe und 64 m Durchmesser der größte Schwedens. Er soll um 900 n. Chr. für einen König angelegt worden sein.

■ Amundshög 5, frei zugänglich

Parken

Das **Parkerhaus Däcket** in Öster Mälarstrand bietet 440 Plätze. ■ Infos zu weiteren Parkmöglichkeiten: www.vasteras.se/trafik-och-gator/parkera-i-vasteras.html

Restaurants

€€ | Kajplats 9 Als moderner gläserner Anbau schmiegt sich dieses Lokal an die alte Markthalle. Drinnen gibt's frischen Fisch und Muscheln. ■ Sjötullsgatan 2, Tel. 021/13 62 22, www.kajplats9.se, Mo. geschl.

6 Mariefred

Eine malerische Altstadt, ein berühmtes Schloss und ein Dichtergrab

Information

■ Strängnäs-Mariefred turistinformation, www.strangnas.se/turism

■ Turistinformation Mariefred, Kyrkogatan 13/Rådhustorget, nur im Sommer

Mariefred ist besonders wegen Schloss Gripsholm bekannt. Die gleichnamige Erzählung von Kurt Tucholsky steht in vielen Bücherschränken. Mit diesem Werk hat der vor den Nazis nach Schweden geflohene Schriftsteller dem Land, das ihn vor der Verfolgung gerettet hat, ein Denkmal gesetzt.

In der Altstadt stehen das Holzrathaus von 1748 und die Kirche von 1624. Wer das Grab von Kurt Tucholsky besuchen will, darf sich nicht am Kirchturm orientieren. Der Friedhof, auf dem der Schriftsteller begraben liegt, befindet sich 2 km außerhalb des Ortes in der Kyrkogårdsgatan.

Sehenswert

Schloss Gripsholm

| Schloss |

Schloss Gripsholm geht auf König Gustav Vasa zurück, der beschloss, seinen Wohnsitz an das Ufer des Mälaren zu verlegen. Deswegen ließ er dort 1537 von zwei deutschen Baumeistern eine bereits existierende kleine Burg zu einer wuchtigen Verteidigungsanlage erweitern. Im Lauf der folgenden Jahrhunderte wurde Gripsholm mehrmals umgebaut. Sein heutiges Aussehen erhielt das Schloss im 18. Jh., als es auf Geheiß von König Gustav III. erweitert wurde.

Immer wieder kerkerten machtgierige Herrscher Rivalen im Verlies des Schlosses ein. Erik XIV. begann 1563 diese unschöne Tradition, als er seinen Bruder Johann III. mitsamt Frau in Gripsholm hinter Schloss und Riegel setzte. Der revanchierte sich fünf Jahre

Der Schriftsteller Kurt Tucholsky setzte Schloss Gripsholm ein literarisches Denkmal

später, inzwischen selbst König geworden, und brachte den nun abgesetzten Erik hinter »schwedische Gardinen«. Auch Gustav IV. Adolf lernte die Zellen von Gripsholm von innen kennen. Er wurde im März 1809 gestürzt, acht Monate im Schloss gefangen gehalten und danach des Landes verwiesen. Er starb 1837 in St. Gallen.

Könige sind auch heute noch im Schloss zu sehen – allerdings nur in Bilderrahmen. Gripsholm beherbergt eine der größten Porträtsammlungen Europas mit 3200 Gemälden.

■ Von der Straße 223 abgehend, www.kungahuset.se, April–Mitte Mai, Okt., Nov. Sa, So 12–15, Mitte Mai–Sept. tgl. 10–16 Uhr, 140 SEK

Cafés

Café Blå Katten Blaues Häuschen, in dem man sich zur Kaffeepause stärken kann. ■ Storgatan 7-10, 64730 Mariefred, Tel. 0159/125 86, tgl. 9–17 Uhr

In der Umgebung

Strängnäs

| Domstadt |

Bereits 1120 wurde Strängnäs als Bischofssitz erwähnt. Im Lauf der folgenden Jahrhunderte wurde die Stadt immer wieder von großen Bränden verwüstet.

Der Dom, eine gotische Backsteinkirche aus dem 13. Jh., gehört zu den wenigen alten, noch erhaltenen Steingebäuden der Stadt. Sehenswert sind in seinem Inneren v. a. der Brüsseler Flügelaltar mit Darstellungen des Weihnachtsevangeliums von 1490 und der ebenfalls aus Brüssel stammende Marienaltar (1508) in der Taufkapelle.

■ Dom: Biskopsgränd 2, www.svenskakyrkan.se/strangnas

Übernachten

Das Preisniveau für Übernachtungen in Stockholm ist relativ hoch. In einer Vergleichsstudie der größten europäischen Metropolen nimmt die schwedische Hauptstadt bei den Hotelpreisen Rang 4 ein – nur in London, Moskau und Oslo übernachtet man teurer. Sparfüchse können daher auch auf Jugendherbergen bzw. Hostels ausweichen. Da liegt man weder in Stockbetten, noch werden nur Jugendliche willkommen geheißen. Der Standard ist in der Regel immer mindestens auf einfachem Hotelniveau.

Stockholm 66

€ | Tre Små Rum Persönlicher kann Service kaum sein als im vermutlich kleinsten Hotel der Stadt. Hatte es bei Eröffnung 1993 drei Zimmer, sind es jetzt immerhin sieben. Die Zimmer sind gemütlich, bieten aber keinen Luxus. Duschen und Toiletten auf dem Gang. ■ Högbergsgatan 81, 11854 Stockholm, Tel. 08/6412371, www.tresmarum.se

€€ | Mälardrottningen Die ehemalige Jacht von Barbara Hutton, erbaut in den 1920er Jahren, ist heute ein Hotel. Hutton war zu ihrer Zeit die reichste Frau der Welt, war sieben Mal verheiratet, u. a. mit dem Schauspieler Cary Grant. Die Jacht ist so spektakulär wie die ehemalige Eignerin. Von den 61 Kabinen sind einige ziemlich klein, dafür aber erschwinglich – und das bei einer Toplage nur wenige Schritte von Gamla stan entfernt. ■ Riddarholmskajen 4, 11128 Stockholm, Tel. 08/12090200, www.malardrottningen.se

€–€€€ | Downtown Camper Das ist kein konventionelles Hotel! „Extrem cool" – das wäre wohl die passende Kurzbeschreibung für das Downtown Camper im Zentrum der Stadt. Wer nicht will, braucht das Haus nicht verlassen und hat trotzdem den ganzen Tag Spaß ... mit Yogakursen, in der Sauna oder im Pool auf dem Dach. ■ Brunkebergstorg 9, 11151 Stockholm, Tel. 08/51726300, www.scandichotels.com/downtowncamper

€€€ | Grand Hotel Der bautechnische Stil der Belle Époque ist ebenso erhalten wie der exquisite Hauch von Luxus, der die Schönen, Reichen, VIPs und Nobelpreisträger regelmäßig ins Grand Hotel zieht. Tipp: Zimmer mit Hafenpanorama anfragen. ■ Södra Blasieholmshamnen 8, 10327 Stockholm, Tel. 08/6793560, www.grandhotel.se

€€€ | Hilton Slussen Gewohnte Hilton-Qualität mit perfektem Service. Zu etwas Besonderem wird das Haus durch den Ausblick: Es liegt direkt über Slussen und bietet den besten Blick auf die Altstadt und das Zentrum. Deswegen unbedingt ein Zimmer zum Wasser hin buchen. ■ Guldgränd 8, 10465 Stockholm, Tel. 08/5173 5300, ww.hiltonhotels.de/schweden

Norrtälje 80

€€€ | Marholmen Im Archipel von Roslagen, umgeben von Natur und

350 m vom hauseigenen Strand entfernt, ein Hoteljuwel, das sich architektonisch bestens in die Umgebung einfügt und innen mit schicken Zimmern überzeugt, alle mit Terrasse oder Veranda. Das Frühstücksbuffet ist inklusive, Spa und Sauna kosten extra. 15 km vom Zentrum von Norrtälje entfernt. ■ Marholmen 1, 76197 Norrtälje, Tel. 077/116 17 00, www.marholmen.se

Uppsala 82

€ | Elite Hotel Academia Das Haus in zentraler Lage von Uppsala wurde erst 2017 eröffnet. Das Hotel bietet neben geschmackvollen, gut ausgestatteten Zimmern, einem Fitnessraum und Sauna ein schickes Restaurant mit Bar und einem spektakulären Panorama. ■ Suttungs Gränd 6, 75319 Uppsala, Tel. 018/780 99 00, www.elite.se

€€ | Hotel von Kraemer Dieses Haus in der Nähe von Schloss und Uni ist ein Beweis dafür, dass die Schweden ein Händchen für Wohlfühldesign haben. Alle Zimmer – vom Standard Room bis zur Suite – sind frisch renoviert und zeitgemäß herausgeputzt. Schöne Dachterrasse. ■ Kraemers allé 26, 75237 Uppsala, Tel. 018/495 99 00, www.hotelvonkraemer.se

Sigtuna 86

€€ | Sigtuna Stiftelsen Aus einem alten Kloster ist ein elegantes Hotel geworden. Citynah und trotzdem ruhig gelegen versprüht das Ambiente der Unterkunft mit schönem Innenhof und Garten einen mediterranen Charme. Großzügige und sehr behagliche Zimmer, jedes ist anders gestaltet. ■ Manfred Björkquists allé 4, 19331 Sigtuna, Tel.08/59 25 89 00, www.sigtunastiftelsen.se

ADAC Das besondere Hotel

Mitten im Mälarsee scheint Pippi Langstrumpf in einer winzigen stilecht rot gestrichenen Schwedenhütte zu wohnen. Das Häuschen **Utter Inn**, das Projekt eines Künstlers, ist mit Seilen am Grund festgemacht. Luxus gibt es hier nicht, oben im »Erdgeschoss« kann man auf einem Gaskocher das Kaffeewasser aufsetzen und darunter, 3 m unter der Wasseroberfläche, liegt das Schlafzimmer, durch dessen Fenster die Fische eine gute Nacht wünschen. Auf einer kleinen Veranda sonnt man sich im Liegestuhl und vergisst den Stress des Alltags.
€€ | 72212 Västerås, buchbar beim Västerås turistbyrå, Tel. 021/39 01 00, www.visitvasteras.se/en

Südliches Schweden

Eine Reise durch Schonen und Småland und zu den beiden größten Inseln des Landes: Gotland und Öland

Der Süden Schwedens bietet eine erstaunliche landschaftliche Vielfalt. Vieles hier erinnert an Mecklenburg-Vorpommern auf der anderen Seite der Ostsee. Hier wie dort gibt es ausgedehnte Strände, dahinter relativ flaches Land, das vorwiegend landwirtschaftlich genutzt wird. Typisch sind auch die vielen Schlösser, Burgen und Herrenhäuser. Sehenswert in Südschweden sind u. a. Schloss Kalmar und Burg Glimmingehus. Die größeren Städte liegen allesamt entlang der Küste, auch Malmö, drittgrößte Stadt des Landes. Sie ist nach Eröffnung der Öresundbrücke im Jahr 2000 mit der dänischen Hauptstadt Kopenhagen zu einer grenzübergreifenden Metropole zusammengewachsen.

Im Norden schließt sich die Provinz Småland an Skåne (Schonen) an. Hier beginnt das »richtige« Schweden bzw. das, was sich Besucher häufig darunter vorstellen: weite Wälder und rote Holzhäuser an einem See. Die Landschaft wird zunehmend hügeliger.

Vor der Küste liegen die beiden größten Inseln des Landes: Öland, über eine Brücke mit der Stadt Kalmar verbunden, und noch ein Stück weiter im Meer Gotland. Beide sind für viele Sonnenscheinstunden bekannt und deswegen auch bei den Schweden als Urlaubsziel beliebt. Auf Öland verbringt die Königsfamilie traditionell ihren Sommerurlaub. Gotland kann sich einer anderen Besonderheit rühmen: Die Inselhauptstadt Visby zählt fraglos zu den schönsten Städten Europas und wurde von der Unesco zum Welturkulturerbe ernannt.

In diesem Kapitel:

ADAC Top Tipps:

4 Visby
| Altstadt |

Der mittelalterliche Stadtkern von Visby ist von der Unesco als Weltkulturerbe ausgezeichnet. Die vielen Kirchenruinen verströmen ein besonderes Flair morbiden Charmes. 105

ADAC Empfehlungen:

7 Turning Torso, Malmö
| Architektur |

Das in sich verdrehte Hochhaus ist nach höchsten ökologischen Standards erbaut. 96

8 Ven
| Insel |

Die autofreie Insel im Öresund ist ein Traum für Fahrradfahrer. 101

9 Gotska Sandön, bei Gotland
| Nationalpark |

Mit dem Schiff geht es auf eine einsame, geschützte Insel, die ganz weit draußen in der Ostsee liegt. 107

10 Ales stenar, bei Ystad
| Archäologische Stätte |

Die größte Schiffssetzung Nordeuropas liegt mit bestem Meerblick oberhalb der Steilküste. 111

11 Villa Gransholm, bei Växjö
| Hotel |

Zauberschloss oder Hotel? Zumindest von außen ist das nicht zu erkennen – einfach traumhaft. 113

7 Malmö

Einst Industriestadt, heute eine pulsierende Kulturmetropole

Das markante Hochhaus Turning Torso ist das neue Wahrzeichen Malmös

Information

- Malmö City, Tel. 040/30 70 16, www.malmocity.se. Es gibt in der Stadt zahlreiche Infopoints (z. B. Carlsgatan 4a)
- Parken: siehe S. 98

Mit etwas mehr als 300 000 Einwohnern ist Malmö die drittgrößte Stadt des Landes. Aus der einst tristen Arbeiterstadt, in der früher die größte Werft Schwedens stand, ist inzwischen eine Einkaufs- und Verwaltungsstadt geworden. Malmö erfindet sich immer wieder neu. Inzwischen kommen pro Jahr auch mehr als eineinhalb Millionen Touristen in die Stadt, die dank der Öresundbrücke mit Kopenhagen fast zusammengewachsen ist. Architektonischer Höhepunkt ist der Turning Torso, ein in sich verdrehtes Hochhaus, das auch vom gegenüberliegenden Kopenhagen aus zu sehen ist. Auch sonst ist ein Bummel durch das neu entstandene Stadtgebiet Västra Hamnen am Westhafen interessant.

Sehenswert

1 Stortorget

| Platz |

Der zentral gelegene Stortorget ist eine der größten Sehenswürdigkeiten Malmös. Um ihn herum gruppieren sich

Plan S. 97

die wichtigsten Gebäude wie das Rathaus von 1546 oder das Residenzgebäude aus dem 17. Jh. – heute der Sitz des Regierungspräsidenten der Provinz Skåne (Schonen). In der Mitte des Platzes thront König Karl X. Gustav, der 1658 Malmö von Dänemark eroberte, auf einem Denkmal.

2 St. Petri kyrka

| Kirche |

St. Petri, Anfang des 14. Jh. erbaut, ist das älteste erhaltene Gebäude der Stadt. Die Gemälde im Inneren der Kirche wurden während der Reformationszeit im 16. Jh. übertüncht und beim Umbau Mitte des 19. Jh. endgültig zerstört. Deswegen wirkt die alte Kirche heute schlicht und nüchtern. Lediglich in der kleinen Krämarkapelle im Nordteil sind noch farbenfrohe Malereien (um 1520) erhalten.

■ Göran Olsgatan 4, Tel. 040/27 90 56, tgl. 10–18 Uhr

3 Lilla torget

| Ausgehmeile |

Rund um den malerischen »kleinen Marktplatz« liegen Kaffeehäuser und Restaurants. Im Sommert tanken die Anwohner und Besucher draußen auf den Freiterrassen Sonne. Für viele ist der Lilla torget der ideale Ausgangspunkt für Abendunternehmungen – beliebte Clubs liegen ganz in der Nähe.

4 Moderna Museet

| Kunstmuseum |

Der Ableger des Modernen Museums in Stockholm zeigt in einem ehemaligen Elektrizitätswerk wechselnde Ausstellungen zu moderner und zeitgenössischer Kunst. Neben den Werken ist auch der moderne Anbau interessant. Es gibt außerdem ein nettes Café.

■ Ola Billgrens plats 2–4, Tel. 08/52 02 35 00, www.modernamuseet.se, Di–Fr 11–18, Sa, So 11–17 Uhr, Eintritt frei

ADAC Spartipp

Für die Museen im Malmöhus (Kunstmuseum, Aquarium) und das Museum für Technik und Seefahrt gilt ein gemeinsames Ticket für 40 SEK. Der Eintritt ins Moderne Museet ist ohnehin kostenlos.

5 Möllevången

| Stadtviertel |

In Malmö leben heute Menschen aus 174 Nationen zusammen. Symbol und Sinnbild von Multikulti-Malmö ist die Gegend um den Möllevångstorget. In den Restaurants und Lebensmittelläden rund um den Hauptplatz des Viertels kann man eine kulinarische Weltreise antreten. Der Folketspark ist ein schöner Freizeitpark (www.malmo folketspark.se).

■ Möllevångstorget

6 Malmöhus

| Museum |

Malmöhus ist das größte Renaissanceschloss Nordeuropas. Die ältesten Teile der Festung gehen auf König Erich von Pommern (reg. 1412–1439) zurück. Von 1444 an stand hier die Münzpresse des dänischen Reiches. Seine heutige Gestalt bekam Malmöhus zwischen 1536 und 1542: Bis zum Jahr 1658, als Schonen schwedisch wurde, diente das Schloss als Residenz der dänischen Könige. 170 Jahre später zogen Mörder und Diebe ein, denn aus dem Schloss wurde ein Gefängnis. Nach einem Großbrand Anfang des 20. Jh. überließ man Malmöhus dem Verfall. In den 1930er Jahren machte man sich dann an den Um- und Wiederaufbau. Seitdem wird das Schloss als Museum genutzt. Heute haben ein Aquarium und ein Kunstmuseum hier ihre Heimat gefunden.

■ Malmöhusvägen 1, Tel. 040/34 44 47, Di–So 11–17, Do bis 19 Uhr, 40 SEK

7 Teknikens och Sjöfartens hus

| Museum |

Im Museum für Technik und Seefahrt ist v. a. das 1942 erbaute U-Boot »U3« nicht nur für Erwachsene, sondern auch für Kinder interessant. Die Besichtigung des Inneren vermittelt einen Eindruck von der klaustrophobischen Situation, der U-Boot-Fahrer ausgesetzt sind. Zum Technikmuseum gehört auch ein alter Straßenbahnwagen von 1928, mit dem man im Sommer sonntags von der Stadtbibliothek durch den Kungsparken zum Museum fahren kann.

■ Malmöhusvägen 1, Tel.040/34 44 38, Di–So 11–17, Do bis 19 Uhr, 40 SEK

8 Turning Torso

| Architektur |

7 *Das in sich verdrehte Hochhaus ist höchst ökologisch gebaut*

Der Turning Torso, das zwischen 2001 und 2005 nach Plänen des spanischen Stararchitekten Santiago Calatrava erbaute Hochhaus, ist mit 190 m das höchste Gebäude Schwedens und das zweithöchste Wohnhaus Europas. Es besteht aus neun würfelähnlichen Kuben mit je fünf Stockwerken. Besonders faszinierend sind die Lichtreflexionen in den Fensterfronten, die sich je nach Tageszeit und Standpunkt des Betrachters ändern. Das Hochhaus am Westhafen im neu entstandenen Stadtteil Västra Hamnen ist ein Vorzeigeprojekt der Architektur, das die strengsten Umweltkriterien erfüllt. Damit beim Recycling

Gefällt Ihnen das?

Nicht nur in Malmö bauen die Schweden hohe Häuser. Auch in Göteborg gibt es ein bekanntes Hochhaus: den Büroturm **Utkiken** aus den 1980er Jahren, der auch »Lippenstift« genannt wird und in dem sich ein Restaurant mit toller Aussicht befindet (S. 121).

nicht geschummelt wird, müssen alle Bewohner ein Abfalltagebuch führen.

■ Västra Varvsgatan, Tel. 040/17 45 39, www.turningtorso.com

9 Öresundbrücke

| Brücke |

Die 57 m hohe Öresundbrücke verbindet seit dem Jahr 2000 Schweden und Dänemark. Die 1092 m lange Hochbrücke selbst macht nur einen kleineren Teil des insgesamt 7845 m langen Bauwerks aus. Weitere 4 km Straße verlaufen über eine künstliche Insel, ergänzt durch einen Tunnel, durch den man am Stadtrand von Kopenhagen ins Meer abtaucht. Diese Brücke ist ein einzigartiges Fotomotiv.

Verkehrsmittel

In den grünen Stadtbussen kann man nicht mit Bargeld bezahlen. Mit der App von Skånetrafiken (www.skanetrafiken.se) kann man ein Handyticket kaufen. Fahrscheine, u. a. vergünstigte 1- und 3-Tagesfahrscheine, erhält man auf der Homepage, an Ticketautomaten, im Skånetrafiken-Kundenservice am Hauptbahnhof und an den Bahnhöfen Triangeln und Hyllie sowie an den Infopoints der Stadtinfo.

Die Überfahrt über die Öresundbrücke ist mautpflichtig: Pkw bis zu 6 m Länge 55 €, Wohnmobile bzw. Pkw mit Anhänger 110 €. Zeit und Geld sparen Sie mit einem Onlineticket, wenn Sie die

Der Dom von Lund: Die charakteristischen Türme wurden erst im 19. Jh. angefügt

Brücke mehr als einmal pro Jahr queren, lohnt der Bropass. Die Mautstelle liegt auf der schwedischen Seite. Die blaue Fahrspur benutzt man zur Zahlung mit der Kreditkarte, die gelbe (bemannt) für Barzahlung.
■ www.oresundsbron.com.

Parken

Wie in allen schwedischen Großstädten sind Parkplätze in Malmö rar. Ein Verzeichnis der Plätze im Internet inkl. Preisinfo vereinfacht die Suche. ■ www.pmalmo.se/Tjanster/Prislista

Restaurants

€€ | **Kasai in the Sky** Im obersten Geschoss des Story Hotel liegt Kasai in the Sky, ein Restaurant mit japanischer Fusionsküche. Das Essen, das hier serviert wird, ist gut, aber viel besser noch ist die Aussicht. Im Sommer lassen es sich die Gäste mit einem Drink in der Hand auf der riesigen Freiterrasse des Lokals gutgehen. ■ Tyfongatan1, Tel. 040/616 5220, www.kasai.se/kasaimalmo. Plan S. 97 nördl. b1

€€ | **Johan P** Hier beim Lilla torget kommt nur fangfrische Ware auf den Tisch – kein Wunder, denn zum Restaurant gehören auch noch ein Fischgeschäft und eine Austernbar. ■ Hjulmansgatan 5, Tel. 040/971818, www.johanp.nu. Plan S. 97 b2

Einkaufen

Form Design Center Form Design ist eine Verkaufsausstellung von (süd-) schwedischem Design. Hier kann man anspruchsvollere Mitbringsel kaufen und anschließend gleich nebenan in einem kleinen Café entspannen. ■ Lilla torget 9, Tel. 040/664 5150, www.form

designcenter.com, Di–Sa 11–17, So 12–16 Uhr. Plan S. 97 b2

8 Lund

Die geschichtsträchtige Studentenstadt hat ein reges Nachtleben

Information

■ Lund Tourist Center, www.visitlund.se

Lund ist eine Stadt mit langer Tradition. Im Jahr 960 gegründet, wurde sie hundert Jahre später Bischofssitz. 1666 erhielt sie die nach Uppsala zweite Universität des Landes. Und auch heute noch wird das Leben hier weitgehend von Studenten geprägt – mehr als ein Drittel der etwa 90 000 Bewohner sind an der Universität eingeschrieben. Während des Studienjahres bietet Lund deswegen wesentlich mehr an Kultur, Unterhaltung und Nachtleben, als man das von einer Stadt dieser Größe erwarten würde. In den Semesterferien dagegen ist es in der Stadt sehr ruhig.

Sehenswert

Lunds Domkyrka

| Dom |

Der romanische Dom, mit dessen Bau man Ende des 11. Jh. begann, zählt zu den wichtigsten Gotteshäusern des Nordens überhaupt. Vom ursprünglichen Dom ist heute nur noch die Krypta zu sehen, nach einem Großbrand anno 1234 mussten großen Teile des Bauwerks neu errichtet werden. Die Wiederauf- und Umbauten zogen sich bis ins 19. Jh. hin. Aus dieser Zeit stammen auch die beiden 55 m hohen Türme.Höhepunkt der Kirchenbesichtigung ist die berühmte astronomische Uhr (»Horologium mirabile Lundense«) aus dem Jahr 1380. Dem damaligen Weltbild entsprechend ist die Erde in der Mitte abgebildet. Sie wird von den anderen Himmelskörpern umrundet.

■ Kyrkogatan 4, www.lundsdomkyrka.se, Mo–Fr 8–18, Sa 9.30–17, So 9.30–18 Uhr, Eintritt frei

Kulturen

| Freilichtmuseum |

Das Kulturhistorische Museum ist eine Mischung aus Freilichtmuseum (mit fast 40 Gebäuden) und kulturhistorischen Sammlungen aus aller Welt.

■ Tegnérsplatsen 6, Tel. 046/35 04 01, www.kulturen.com, Mitte Sept.–April Di, Mi, Fr 12–16, Do 12–20, Sa, So 10–16, Mai–Mitte Sept. tgl. 10–17, Do bis 20 Uhr, 130 SEK (Sommer), 90 SEK (Winter)

Skissernas Museum

| Museum |

Das Skizzenmuseum, 1934 gegründet, beherbergt die weltgrößte Ausstellung von Skizzen und Modellen großer Kunstwerke. Hier kann man den Weg vom Entwurf zum endgültigen Kunstwerk nachverfolgen.

■ Finngatan 2, Tel. 046/22 27 283, www.skissernasmuseum.se, Di, Mi 11–17, Do 11–21, Fr 11–17, Sa, So 12–17 Uhr, 100 SEK

Restaurants

€ | **Rauhrackel** Alpenländische Gemütlichkeit gibt es auch in Schweden. Das Restaurant, das im Innern an eine Gaststube in den österreichischen Bergen erinnert, bietet alpine Hausmannskost zu recht günstigen Preisen. ■ Stora Algatan 5, Tel. 046/14 37 27, www.rauhrackel.se

9 Helsingborg

Einstiger Zankapfel zwischen Dänemark und Schweden

Information

■ Helsingborgs turistbyrå, Tel. 042/10 43 50, www.visithelsingborg.com

An der schmalsten Stelle des Öresund liegt Helsingborg, eine der ältesten Städte des Landes. Heute ist es eine lebhafte Hafen- und Industriestadt mit über 100 000 Einwohnern und einer sehenswerten Altstadt. Erholungswert hat der herrliche Schlossgarten (Slottshagen). Quirlig geht es am Hafen zu und in der Shoppingmeile Kullagågatan. Besonderes Flair verdankt Helsingborg seinen Badestränden – sie ziehen sich weit am Öresund entlang, beginnen aber schon in der Stadt. Zu Spaziergängen lädt die 6 km lange Landborgspromenaden ein, die am großen Marktplatz Stortorget beginnt.
Helsingborg war ursprünglich eine dänische Stadt und wegen seiner strategischen Lage lange umkämpft. Mal eroberten die Dänen, dann wieder die Schweden den Handelsort. Erst 1710 wurden die Dänen in einer der blutigsten Schlachten auf schwedischem Boden geschlagen und Helsingborg für die schwedische Krone eingenommen.

Sehenswert

Kärnan

| Turm |

Dies ist das einzige Überbleibsel einer vom Dänenkönig Valdemar I. im 12. Jh. errichteten Burg. Vom 36 m hohen Backsteinturm eröffnet sich ein herrliches Panorama.

■ Slottshagsgatan 1, www.karnan.se, März–Mitte April, Okt.–Mitte Dez. Sa, So 11–15, Mitte April–Mai und Sept. tgl., Juni tgl. 10–19, Juli, Aug. 10–18 Uhr, 50 SEK, bis 18 J. frei

Mariakyrkan

| Kirche |

Die Kirche wurde 1410 fertiggestellt. Den Turm fügte man erst 1500 an. Die Löcher an der Außenfassade waren für die Gerüste während des Baus.

■ Mariatorget, tgl. 9–17 Uhr

Dunkers Kulturhus

| Ausstellung |

In Dunkers Kulturhus finden hochkarätige Kunstausstellungen statt. Architekt des Gebäudes ist Kim Utzon, Sohn von Jørn Utzon, dem Erbauer des berühmten Opernhauses in Sydney.

■ Kungsgatan 11, www.dunkerskulturhus.se, Di, Mi, Fr 10–18, Do 10–20, Sa, So 10–17 Uhr, 100 SEK, bis 18 J. frei, Ausstellung im Eingangsbereich kostenlos

Parken

Entlang der **Kungsgatan** findet man viele Parkplätze (20–40 SEK für 2 Std.), am Hafen liegt das **Parkhaus** Terminalgatan 3. Für mehrere Tage bietet sich etwas außerhalb der **Parkeringsplats Finland**, Östra Sandgatan, an.

Cafés

Zoegas Eine Institution für Kaffeelfans. Köstliche Törtchen. ■ Drottningatan 30, www.zoegas.se, Mo–Sa 10–18 Uhr

Kneipen, Bars und Clubs

Madame Moustache Nostalgische Bar und Afterwork-Treffpunkt. ■ Norra Storgatan 9, Mi–Sa 18–3 Uhr

Dunkers Kulturhus hat Kim Utzon erbaut, drinnen gibt's tolle Ausstellungen zu sehen

In der Umgebung

Ven

| Insel |

8 *Die Insel ist ein Paradies – nicht nur für Fahrradfahrer*

Auf der Ostseeinsel Ven, südlich von Helsingborg, sind Privatautos verboten. Das macht das Eiland zum perfekten Reiseziel für Fahrradfahrer. Neben viel Ruhe hat Ven auch einiges Sehenswertes zu bieten, das Tycho Brahe Museum etwa in der Mitte der Insel. Es zeichnet das Leben und Wirken des exzentrischen dänischen Astronomen nach, der 1576 bis 1598 auf der Insel lebte. Auch zur Kirche St. Ibb können Urlaubsgäste radeln. Sie steht direkt an der Steilküste und bietet den besten Blick aufs Meer. Erreichbar ist Ven mit dem Schiff von Landskrona.

■ Fähre: www.ventrafiken.se. Fahrradverleih: www.venscykeluthyrning.se

10 Halmstad

Der Künstlerort schaut auf eine dänische Vergangenheit zurück

Information

■ Destination Halmstad, Fredsgatan 5, 30246 Halmstad, Tel. 035/12 02 00, www.destinationhalmstad.se

Dort, wo der Fluss Nissan in den Kattegat mündet, liegt Halmstadt, mit seinen 60 000 Einwohnern ein Wohlfühlstädtchen. Das liegt auch an Schwedens längstem Sandstrand (12 km), der sich stadtnah erstreckt. Um den Flusshafen gruppieren sich die Altstadthäuser. Herzstück ist der 1619 nach einem Großbrand angelegte Marktplatz Stora Torget. Den Brunnen auf dem Platz schmückt die Steinskulptur »Europa mit dem Stier« des

Populär bei Touristen – der Besuch der Glashütten in Småland

Bildhauers Carl Milles von 1926. Moderne Kunst ist überhaupt ein großes Thema in Halmstad, das in den 1930er Jahren durch die hiesige, den Surrealisten nahestehende Künstlervereinigung »Halmstadgruppen« international bekannt wurde. Erik Olson, Mitglied der Gruppe, schuf die »Picasso-statyn« am Ufer des Nissan. In der Stadt ist aber noch viel mehr Kunst im öffentlichen Raum zu sehen. Die Webseite der Stadt hält eine Karte für einen Kunst-Spaziergang bereit.

Sehenswert

Halmstad slott

| Schloss |

Das Schloss aus dem 17. Jh. hatte der dänische König Christian gerade erweitern lassen, da fielen Halmstad und die umliegende Provinz Halland 1645 im Frieden von Brömsebro an Schweden. Der Schlosshof kann besichtigt werden, dort finden im Sommer Theateraufführungen statt.

■ Aschebergsgatan 1

Hallands Konstmuseum

| Kunstmuseum |

Mit wechselnden Ausstellungen lokaler und internationaler Künstler wird Halmstadt seinem Ruf als Kunststadt gerecht.

■ Tollsgatan 32, Di–So 11–17, Mi 11–20 Uhr, 80 SEK

In der Umgebung

Tylösand

| Badeort |

Der lange Sandstrand von Tylösand gilt als die »Riviera Schwedens«. Entsprechend beliebt ist er bei den Einheimischen im Sommer. In der Nebensaison bietet er sich für ausgedehnte Spaziergänge an.

11 Glasriket

Die Heimat der weltberühmten schwedischen Glasproduktion

Information

■ Glasriket Tourist Information, Engshyttegatan 6 (im Bahnhof), 38280 Nybro, Tel. 0481/45215, www.glasriket.se

Zwischen Växjö und Kalmar erstreckt sich das Glasreich oder schwedisch »Glasriket«. Es lässt sich sowohl von Växjö aus als auch von der Ostküste gut erreichen. Schwedisches Glas genießt Weltruf. U.a. in Kosta, Orrefors und Nybro produzieren noch rund ein Dutzend Hütten das zerbrechliche Gut. Wirtschaftlich und touristisch hat das Gewicht: Die Hütten locken jedes Jahr über eine Million Besucher an. Die lassen sich bei den kostenlosen Vorführungen von dem alten Handwerk faszinieren, sehen zu, wie aus glühender Masse filigrane Gefäße entstehen. Das Spektrum der Hütten reicht von jahrhundertealten Betrieben bis hin zu topmodernen Manufakturen, in denen international bekannte Glaskünstler ihr Arbeitsmaterial in zeitgemäße Formen bringen.
Landschaftlich ist die Region geprägt von Wäldern und Seen – toll für Wanderer, Angler, Kanu- und Kajakfahrer.

Sehenswert

Kosta Glasbruk

| Glashütte |
In der Glashütte Kosta kann man das Schauspiel der Glasbläserei erleben, in der Ausstellungshalle 250 Jahre Glasbläsertradition nachvollziehen und im Köpmanhus Gläsernes einkaufen.

■ Stora vägen 91, 36052 Kosta, Juli tgl. 10–16, sonst Mo–Fr 9–15.30, Sa, So 10–16 Uhr

Sveriges Glasmuseum

| Glasmuseum |
Im größten Glasmuseum Skandinaviens ist Glaskunst von 1580 bis heute zu bewundern. Es befindet sich im selben Gebäude wie das Smålands Museum.

■ Södra Järnvägsgatan 2, 35229 Växjö, Touren Mo–Do 9 (nur Vorausbuchung), 11.30, 14, Fr keine Tour um 14 Uhr, Ausstellung Mo–Fr 10–17, Sa, So 10–16 Uhr

Im Blickpunkt

Glas – Made in Sweden

Die Geschichte der schwedischen Glasproduktion geht auf das 16. Jh. und König Gustav I. Vasa zurück. Der hatte Schweden von der dänischen Herrschaft befreit, was durchaus auf Anerkennung bei Europas Blaublütern stieß. Trotzdem schauten diese leicht verächtlich auf den vermeintlich unkultivierten schwedischen Königshof. Mit Luxus wollte der Schwede Eindruck schinden – und Glas galt seinerzeit als Luxusprodukt schlechthin. Also ließ Vasa in Venedig, damals Hochburg der Glasbläserkunst, Fachkräfte anwerben, die seine Landsleute in die Geheimnisse der Herstellung einweihten. In Småland, wo es genug Holz für Brennöfen sowie den benötigten Quarzsand gab, schossen Glashütten wie Pilze aus dem Boden. Zu Spitzenzeiten im 19. Jh. waren hier mehr als hundert Glasbetriebe aktiv.

James Bond 007 Museum
| Museum |
Das erste Bond-Museum der Welt präsentiert unzählige Memorabilia über den berühmtesten Spion der Welt.
■ Emmabodavägen 20, 38245 Nybro, www.007museum.com, Mo–Fr 11–12, 14–15, Sa 10–14 Uhr

12 Oskarshamn

Ausgangspunkt für Fahrten zur Insel Blå Jungfrun und Wassersportparadies

Information

■ Attraktiva Oskarshamn, Biogränd 7, 57230 Oskarshamn, Tel. 0491/770 72, www.oskarshamn.com

Oskarshamn ist vor allem durch das dortige Kernkraftwerk bekannt – umgeben aber ist die Stadt von einer herrlichen Landschaft. Das macht sie zu einem idealen Ausgangspunkt für Wanderer, Angler und Wassersportler. Auch Golfer kommen auf ihre Kosten. Vom Hafen starten die Fähren nach Gotland, im Sommer setzen sie auch zur sagenumwobenen Insel Blå Jungfrun über.

Sehenswert

Blå Jungfrun
| Insel |
Kahle Klippen und roter Granit prägen das Bild aus der Ferne. Wie eine Kuppel ragt die »Blaue Jungfrau« aus dem Meer. Wer hier an Land geht, dem offenbart sie ihre bizarre Natur mit Grotten, Gletschermühlen und einer einzigartigen Flora sowie zahlreichen Vögeln, die beim Flug übers Meer auf dem einsam gelegenen Eiland einen Stopp einlegen. Menschen wohnen nicht auf der Insel, für Ausflügler gibt es aber einige Restaurants und Cafés.
■ Tickets für die Überfahrt bei der Touristeninformation oder unter www.solkust turer.se, 380 SEK, Kinder 190 SEK

Sport

Oskarhamns Golf Club Hier können Golfer eine gepflegte 18-Loch-Anlage bespielen. ■ 8 km vom Zentrum, Skorpetorp, Tel. 0491/940 00, www.oskarshamnsgk.com

Wandern

Bråbygden Die Brå-Gegend, bestehend aus 14 Dörfern um Kristdala nordwestlich von Oskarshamn, hat sich die ursprüngliche, kleinflächige Anbaulandschaft erhalten. Hier wandert man auf markierten Wegen durch Bilderbuch-Bauernland. ■ Infocenter Bråbo Naturum, Bråbo gamla skola (Alte Schule), Östantorp, 57091 Kristdala, Tel. 0491/711 41

13 Gotland

Schwedens Sommerinsel schaut auf eine ruhmreiche Vergangenheit

Information

■ Gotlands turistbyrå, Donners plats 1, 62125 Visby, Tel. 0498/20 17 00, www.gotland.com

Schwedens größte Insel lockt mit bunten Holzhäusern, Stränden zum Träumen, wilden Gesteinsformationen und einem Hauptort, dessen Altstadt mit einer Stadtmauer vollständig umgeben ist. Heute ist Gotland ein beliebtes

Einzigartig – die Altstadt der gotländischen Hauptstadt Visby

Urlaubsziel. Tofta ist einer der bestbesuchten Badeorte der Insel mit einem großen Sandstrand und Dünen. In der Nähe liegt Gnisvärd mit bunten Fischerhütten und einer Schiffssetzung im Wald. Außerhalb der Sommerzeit gibt es auf Gotland kaum Arbeit. Die strukturschwache Insel gehört zu den ärmeren Regionen im reichen Schweden.

Sehenswert

Visby

| Altstadt |

4 *Die nahezu intakte Altstadt gehört seit 1995 zum Weltkulturerbe*

Die Hauptstadt Gotlands hat 23 500 Einwohner und zählt zu den beeindruckendsten Städten Nordeuropas. Die Altstadt ist von einer 3,5 km langen Stadtmauer umgeben und von der Unesco als Weltkulturerbe ausgezeichnet. Der Dom (12. Jh.) ist der Gottesmutter Maria geweiht und das einzige noch bestehende mittelalterliche Gotteshaus der Stadt. Im schlichten Inneren ist der größte Taufstein der Insel (13. Jh.) sehenswert. Hinter dem Dom liegt die Anhöhe Klinten, von der man einen herrlichen Blick über Stadt und Ostsee genießt.

Die vielen Kirchenruinen geben Visby ein ganz individuelles Gepräge, sie sind gefragte Fotomotive: Die Heilig-Geist-Ruine (im 12. Jh. erbaut, 1611 niedergebrannt), die Ruine der St. Nikolaikirche (einst die größte Klosterkirche Schwedens, 1230 erbaut, 1525 zerstört), die St.-Olofs-Ruine (13. Jh.), die St.-Clemens-Ruine (13. Jh.) und die nebeneinanderliegenden Ruinen St. Hans und St. Peter (im Innenhof ist heute ein Sommercafé untergebracht) sind die bekanntesten.

In dem Museum Gotlands Fornsal beeindruckt der reiche Goldschatz aus der Wikingerzeit.

■ Museum: Strandgatan 14, Tel. 0498/ 29 27 00, www.gotlandsmuseum.se, tgl. 10–18 Uhr, Hauptsaison 150 SEK. Nebensaison 100 SEK

Kalmar ist eine junge Stadt – ein Drittel der Bevölkerung sind Studenten

Lummelunda Grottan

| Grotte |

An der nördlichen Westküste Gotlands liegt diese Tropfsteinhöhle, ca. 4,5 km südlich der Gemeinde Lummelunda. Sie wurde durch den gleichnamigen Fluss unterhöhlt und ist die zweitlängste Höhle Schwedens.

■ Mai–Sept. Do–So 9.30–15.30 Uhr, www.lummelundagrottan.se, 185 SEK, Kinder 100 SEK

Fårösund

| Hafenort |

In Fårösund, im äußersten Norden Gotlands, legen u. a. die kostenlosen Fähren zur unbedingt sehenswerten Insel Fårö ab. Hier lockt v. a. die außergewöhnliche Natur – die Raukargebiete am Gamla hamn, bei Langhammeren und Digerhuvud sowie der Suderstrand. In Fårösund selbst lohnt außerdem das Freilichtmuseum Bunge mit Bauernhöfen aus dem 17., 18. und 19. Jh. einen Besuch.

■ Freilichtmuseum: Bunge Hägur 119, www.bungemuseet.se, nur im Sommer geöffnet

Ljugarn

| Urlaubsort |

An der Ostküste Gotlands liegt einer der beliebtesten Badeorte der Insel. Ljugarn bietet Urlaubern einen langen Strand in herrlicher Lage und hervorragende Infrastruktur mit Hotels, Ferienhäusern, Campingplätzen, Cafés und Restaurants.

■ www.ljugarn.se

Hoburgen

| Klippen |

Im äußersten Süden der Insel erstreckt sich das Gebiet Hoburgen mit dem Hoburgsgubben: Der Kalkfelsen, der einem alten Mann mit roter Nase ähnelt, ist eines der Wahrzeichen der Insel. Von hier schweift der Blick weit über das Meer.

Verkehrsmittel

Mehrmals täglich verkehren von Oskarshamn und Nynäshamn Schnellfähren in Richtung Visby. Die Überfahrt dauert ca. 3 Stunden. Preise je nach Saison und Art der Fährpassage ca. 1000 SEK (Fahrzeug inkl. Insassen).
■ Destination Gotland, www.destinationgotland.se, Tel. 0771/223300

Events

Mittelalterwoche in Visby Die alte Hansestadt hat im August etwas Besonderes zu bieten: Dann geht es auf eine Zeitreise ins Mittelalter. Eine Woche lang tragen viele Einwohner historische Gewänder. Vor der Stadtmauer liegen Turnierplatz und Mittelaltermarkt. Die Mittelalterwoche erinnert an die Eroberung der Insel durch den Dänenkönig Valdemar Atterdag anno 1361. ■ www.medeltidsveckan.se/de

In der Umgebung

Gotska Sandön

| Nationalpark |

9 *Ein abgeschiedenes Naturidyll inmitten der Ostsee*

Absolut lohnend ist der Ausflug zu einer der einsamsten Inseln der Ostsee. Das Eiland ist als Nationalpark ausgewiesen und lockt mit Sanddünen, Kiefernwäldern und Heidekrautflächen. Der Zugang auf die Insel ist beschränkt und übernachtet werden darf nur im Zelt oder in einfachen Hütten.

■ Fähren ab Fårösund (S. 106), Buchung unter www.sandoresor.se

14 Kalmar

Im Schloss von Kalmar wurde Geschichte geschrieben

Information

■ Ölandskajen 9 (am Gästehafen), 39231 Kalmar, Tel. 0480/417700, www.kalmar.com

Kalmar gehört zu den ältesten Städten Schwedens. Es war schon zu Wikingerzeiten ein wichtiger Handelsplatz und ist weit über die Landesgrenzen hinaus wegen seines wunderschönen Wasserschlosses bekannt. Dieses wurde im 16. Jh. über den Resten einer Burg gebaut. In dem mittelalterlichen Bollwerk wurde 1397 die Kalmarer Union gegründet, bei der die Könige von Dänemark, Schweden und Norwegen ein gemeinsames Reich besiegelten, das bis 1523 bestand. 1647 ging das mittelalterliche Kalmar in Flammen auf, die Stadt wurde auf der Insel Kvarnholmen – im Stil des Barock mit wuchtiger Barockkirche und rechtwinkeligem Straßenmuster – wiederaufgebaut.

Sehenswert

Kvarnholmen

| Altstadt |

Herz der Altstadt auf der Insel Kvarnholmen ist der weitgespannte Marktplatz (Stortorg). Rathaus und Dom stammen aus dem 17. Jh. Teile der Stadtmauer sind am Südostende der Långgatan erhalten. In der Nähe präsentiert das Seefahrtmuseum interessante Schiffsmodelle.

■ Seefahrtmuseum: Södra Långgatan 81, nur So geöffnet, 50 SEK

Kalmarlänsmuseum

| Museum |

Hier dreht sich alles um die »Kronan«, ein im 17. Jh. vor Kalmar gesunkenes Kriegsschiff. Sein Goldschatz wurde erst über 300 Jahre nach dem Unglück entdeckt und geborgen.

■ Skeppsbrogatan 51, www.kalmarlansmuseum.se, tgl. 10–16 Uhr, 130 SEK, bis 18 J. frei

Kalmar slott

| Schloss |

Die ältesten Teile des Schlosses stammen aus dem 12. Jh. Damals wurde eine trutzige Festung errichtet, die im Lauf der Zeit insgesamt 24 Belagerungen durch die Dänen standhielt. Im 16. Jh. ließen die Vasa-Könige die Burg in ein Renaissanceschloss umgestalten.

■ Kungsgatan 1, www.kalmarslott.se, Jan–März und Nov.–Mitte Dez. Sa, So 10–16, April–Juni, Okt., Dez. tgl. 10–16, Juli–Sept. tgl. 10–18 Uhr, 155 SEK

15 Öland

Sonneninsel, Vogelparadies und königliches Urlaubsdomizil

Information

■ Färjestaden Tourist Center, Träffpunkt Öland 102, 38633 Färjestaden, Tel. 0485/888 00, www.oland.se

Öland, 137 km lang und bis zu 17 km breit, ist Schwedens zweitgrößte Insel. Weil hier die Sonne öfter scheint als anderswo im Land, ist sie bei Urlaubern – u. a. der Königsfamilie – beliebt. Auf ein Fährschiff sind Öland-Reisende nicht angewiesen: Seit 1972 schon verbindet die 6072 m lange Ölandbrücke Kalmar und den Inselort Färjestaden.

Sehenswert

Straße 136

| Archäologische Stätten |

Von der Ölandbrücke gelangt man über die Straße 136 Richtung Süden an drei interessante Fundorte. Bei Karlevi biegt man ab Richtung Westküste zum Karlevistenen, dem ältesten Runenstein der Insel. Der Inschrift zufolge wurde er im Jahr 1000 von einem dänischen Krieger gesetzt.

Über die Straße 136 geht es weiter südlich nach Mysinge, wo der bronzezeitliche Grabhügel Mysinge Hög aufragt. Hier bietet sich auch ein toller Blick über die Stora Alvaret (Kalkheidenlandschaft).

Noch weiter südlich liegt an der Straße 136 das Gräberfeld von Gettlinge mit mehr als 200 Gräbern aus der Eisenzeit.

Ottenby

| Leuchtturm |

An der Südspitze Ölands steht der »Lange Jan«, Schwedens höchster Leuchtturm. Hier gibt es eine Vogelstation und Vogelbeobachtungstouren.

■ www.ottenby.se

Eketorps borg

| Burg |

An der Südostküste liegt diese rekonstruierte eisenzeitliche Fluchtburg. Als Burgmuseum lädt sie zu Bogenschießen und anderen Aktivitäten ein.

■ www.eketorpsborg.se, Öffnungszeiten und Preise siehe Webseite

Himmelsberga Museum

| Freilichtmuseum |

An der Ostküste lohnt dieses kulturgeschichtliche Museum einen Besuch. Hier ist ein ganzes Straßendorf aus dem 18./19. Jh. zu besichtigen.

Auf Öland verbringen auch die Schweden gern ihren Badeurlaub

■ Himmelsberga Bygata 1, www.olandsmuseum.se, Mai, Okt. Sa, So 11–16, Juni–Aug. tgl. 11–16, Sept. Sa, So 11–17 Uhr, 80 SEK

Sollidens slott

| Schloss |

Das klassizistische Schloss an der Westküste von Öland ist Sommersitz der schwedischen Königsfamilie. Der Schlosspark kann dennoch besichtigt werden. In der Nähe liegt auch die mächtige Ruine von Borgholms slott.

■ Südlich des Ortes Borgholm, www.sollidensslott.se, Mitte Mai–Mitte Sept. tgl. 11–16, 17 oder 18 Uhr, 120 SEK

16 Karlskrona

Barockstadt mit maritimem Flair und spektakulärem Museum

Information

■ Karlskrona turistbyrå, Skeppsbrokajen 10, 371 33 Karlskrona, Tel. 0455/30 34 90, www.visitkarlskrona.se

Dutzende vorgelagerte Schäreninseln boten der südschwedischen Hafenstadt einst Schutz. Das hatte Karl XI. sicher bedacht, als er 1680 die Stadt im Stil des Barock als Flottenstützpunkt anlegen ließ.

Trotz wiederholter Zerstörung durch Brände zeugen heute noch etliche Gebäude von der Zeit, als Schweden eine Großmacht war. Ein Teil der Militäranlagen wurde von der Unesco als Welterbe anerkannt.

Sehenswert

Stortorget

| Platz |

Der Stortorget (Marktplatz) mit der Statue von König Karl XI. gehört zu den schönsten und mit einer Fläche von 25 000 m² auch größten historischen Plätzen im Land. Umrahmt wird der Platz vom Rathaus, der 1802 vollendeten Dreifaltigkeitskirche mit mächtiger Kuppel und der barocken Frederikskirche (1744).

Die U-Boot-Halle ist eines der Highlights des Marinemuseums in Karlskrona

Amiralitetskyrkan

| Kirche |

Auf der Insel Trossö steht die 1685 geweihte Admiralitätskirche, die größte Holzkirche Schwedens. Ihr Grundriss hat die Form eines griechischen Kreuzes, das Holz stammt aus Lettland, das seinerzeit schwedisch war. Vor der Kirche steht der »Alte Rosenbohm«, eine Holzfigur, die aus Selma Lagerlöfs Buch »Die wunderbare Reise des kleinen Nils Holgersson mit den Wildgänsen« bekannt ist.

■ Drottninggatan, Sommer tgl. 12–16, Winter 7.30–15.30 Uhr

ADAC Spartipp

Das Marinmuseum in Karlskrona ist nicht nur eines der schönsten seiner Art weltweit, sondern lädt Besucher auch zu freiem Eintritt ein. Von September bis Mai ist mittwochs bis 19 Uhr geöffnet. In der letzten Stunde finden dann die unterschiedlichsten Veranstaltungen statt (Filme, Konzerte, Führungen). Auch diese kann man kostenlos besuchen.

Marinmuseum

| Museum |

Das spektakuläre Museum beeindruckt sowohl architektonisch als auch mit seinen Exponaten. Besucher erleben Szenen einer Seeschlacht und können in einem gläsernen Tunnel ein Wrack (18. Jh.) auf dem Ostseegrund bestaunen. Weitere Highlights sind die U-Boot-Halle und Museumsschiffe, die außerhalb des Gebäudes vertäut im Wasser liegen.

■ Stumholmen, www.marinmuseum.se, Mai, Sept. tgl. 10–16, Juni–Aug. tgl. 10–18, Okt.–April Di–So 10–16 Uhr, Eintritt frei

17 Ystad

Die hübsche Fachwerk- und Krimihauptstadt Schwedens

Information

■ Ystads kommun, St. Knuts Torg, 27142 Ystad, Tel. 0411/57 76 81, www.ystad.se/turism

Ystad ist die Stadt der Fachwerkhäuser. Die schönsten der etwa 300 schmucken Gebäude sind das Änglahus von Anfang des 16. Jh. und das Brahehus vom späten 15. Jh. Beide liegen in der Stora Norregatan. Das Pilgrändshus (1480) in der Stora Östergatan ist das älteste noch erhaltene Fachwerkhaus Nordeuropas. Am Stortorget verdient das Alte Rathaus Beachtung. Sein heutiges Aussehen erhielt es 1840.

Sehenswert

Stadshistoriska museum

| Museum |

Das Franziskanerkloster von 1267 ist neben Kloster Vadstena (S. 133) die besterhaltene Klosteranlage Schwedens. Heute ist hier das Stadtmuseum untergebracht.

■ St. Petri kyrkoplan, Tel. 0411/57 72 86, Di–Fr 12–17, Sa, So 12–16 Uhr, nur im Sommer geöffnet, 50 SEK

In der Umgebung

Ales stenar

| Archäologische Stätte |

10 *Die größte Schiffssetzung des Nordens liegt malerisch am Meer*

Das gewaltige Monument, das sich hoch über dem Meer erhebt, ist über tausend Jahre alt. Damals haben die Wikinger das »Schiff« aus 59 Steinen errichtetet. Eine Herkulesarbeit, denn die Steine wiegen zwischen 500 und 1800 kg. Einige Wissenschaftler halten Schiffssetzungen für Kultplätze, andere für Gräber oder Sonnenkalender.

■ Straße 9 Richtung Osten, nach 10 km abbiegen Richtung Kåseberga. Am Ortsrand parken, zu Fuß auf dem beschilderten Weg 10 Min. laufen

Glimmingehus

| Burg |

Die Burg Glimmingehus, 30 km nordöstlich von Ystad, wurde 1499, in der Übergangszeit vom Mittelalter zur Renaissance, errichtet und ist der älteste unveränderte Profanbau des Landes. Die Burg wurde durch ein ausgeklügeltes Verteidigungssystem so gut geschützt, dass sie nie erobert wurde.

■ Glimminge 1, 27656 Hammenhög, www.raa.se/upplev-kulturarvet/glimmingehus, April–Sept,, Okt nur Sa. So sonst tgl.. 10–16 bzw.18 Uhr, 90 SEK

Im Blickpunkt

Ystad – Ort des Verbrechens

In Ystad spielen viele Krimis des Bestsellerautors Henning Mankell, dessen Hauptdarsteller Kommissar Wallander hier auf Verbrecherjagd geht. Eine in der Touristeninformation erhältliche Broschüre informiert über die Schauplätze, außerdem kann man an Führungen teilnehmen. Hauptanziehungspunkte der Fans sind das Filmmuseum und das Wallander-Filmstudio, eine ehemalige Kaserne am Stadtrand.

Elis Nilssons väg 8, Tel. 0709/47 70 57

Übernachten

Hotels in Schweden sind nicht günstig, dafür aber geben sich die meisten Unterkünfte auch viel Mühe mit ihren Gästen. Ob in Schonen, Småland oder auf Gotland und Öland, den größten Inseln des Landes – überall finden sich ansprechende Quartiere mit hohem Wohlfühlfaktor, toller Lage und behaglicher Atmosphäre. In den Städten ist die Auswahl an Hotels naturgemäß größer, in den Urlaubsorten am Meer dominieren Ferienhäuser.

Malmö 94

€€ | **Elite Savoy** Traditionshotel direkt am Kanal und gegenüber des Bahnhofs. Das ausgezeichnete Frühstück nimmt man in einem Speisesaal ein, der die Noblesse alter Tage erahnen lässt. ■ Norra Vallgatan 62, 21122 Malmö, Tel. 040/664 48 00, www.elite.se/sv/hotell/malmo/hotel-savoy

€€ | **Hotel Mayfair** Das Boutiquehotel liegt in einem alten Gebäude aus dem 14. Jh., in dem einst der Generalgouverneur seinen Sitz hatte. Schwedische und dänische Könige waren hier schon ebenso zu Gast wie die Beatles, die auf ihrer Tournee den Nachtclub des Hotels besuchten. Zentrale Lage, guter Service – das Mayfair wurde bereits mehrmals zum besten Hotel der Stadt gewählt. ■ Adelgatan 4, 21122 Malmö, Tel. 040/40 10 16 20, www.mayfairtunneln.com

Lund 99

€€ | **Hotell Oskar** Behagliches Altstadthaus aus dem Jahr 1866 in zentraler Lage in der Fußgängerzone, zeitgemäße Ausstattung mit so manchem Designerstück möbliert. ■ Bytaregatan 3, 22221 Lund, Tel. 046/880 85, www.hotelloskar.se

€€ | **The More Hotel Lund** Angenehmes 4-Sterne-Haus mit 33 Studios in fünf Kategorien, alle sind schick skandinavisch-puristisch gestylt und verfügen über eine Küchenzeile mit allem Drum und Dran. Auch für längere Aufenthalte buchbar. ■ Kastanjegatan 18, 22456 Lund, Tel. 046/271 64 00, www.themorehotel.se

Helsingborg 100

€€ | **Comfort Hotel Helsingborg** Trendiges Stadthotel, nur 500 m vom Hauptbahnhof entfernt, alle Sehenswürdigkeiten sind fußläufig zu erreichen. Poppige Zimmer in verschiedenen Preiskategorien, tolles Frühstücksbuffet, Sauna und Fitnessraum, kostenpflichtiges Parkhaus gegenüber. ■ Gasverksgatan 11, 25225 Helsingborg, Tel. 042/37 19 50, www.nordicchoicehotels.com

Halmstad 101

€ | **Tallhöjdens Värdshus** 20 km vom Zentrum entfernt liegt, inmitten schöner Natur und nahe dem Simlången-See, ein gemütlich-rustikales Hotel mit Restaurant (gute, bodenständige Küche). Gäste haben die Wahl zwischen Hotelzimmern und urigen Holzhütten auf dem weitläufigen Grundstück. ■ Brearedsvägen 15, 31038 Simlångsdalen, Tel. 035/70245, www.tallhojden.se

Glasriket 103

€€€ | Kosta Boda Art Hotel Einen Steinwurf von Schwedens ältester Glashütte entfernt liegt dieses Hotel, ein Architekturkunstwerk aus Glas und Stein. Für die schicke Innenausstattung zeichnen beste Designer verantwortlich. Noch stylischer als die Zimmer sind Glasbar und Spa. ■ Stora vägen 75, 36052 Kosta, Tel. 0478/34830, www.kostabodaarthotel.se

11 **€€€ | Villa Gransholm** Liegt 15 km von Växjo entfernt und sieht aus wie ein Zauberschlösschen. Die Zimmer sind individuell eingerichtet, der Hotelpark ist eine kleine, ruhige Oase. ■ Gransholmsvägen 132, 36032 Gemla, Tel. 0470/676 65, www.villagransholm.se

Gotland 104

€€€ | Hotel Grå Gåsen In dem exklusiven Boutiquehotel Grå Gåsen in Burgsvik kocht jedes Jahr ein Sternekoch – und zwar auch für schwedische Stars. Denn im Frühsommer wird hier mehrere Wochen lang eine bekannte schwedische Fernsehshow aufgenommen. Geräumig, mit Geschmack und viel Liebe zum Detail eingerichtet ist jedes der 12 Zimmer. Im großen parkähnlichen Garten fühlt man sich im Schatten der Bäume ein wenig wie in Südfrankreich. ■ Hoburgsvägen 3, 623 35 Burgsvik, Tel. 0498/497000, www.gragasen.se, etwas günstiger ist das nur 1,5 km entfernte Gåsen Out, www.gasenout.se

Kalmar 107

€–€€ | Hotell Svanen Angenehmes Gästehaus, 10 Min. Fußweg zum Zentrum, zwei Kategorien: schlichter Herbergsstandard oder etwas komfortablerer Hotelstandard. Gästeküche und Waschmaschine stehen zur Verfügung, tolles Frühstücksbuffet, Sauna, kostenlose Parkplätze. ■ Rappegatan 1, 39230 Kalmar, Tel. 0480/25560, www.hotellsvanen.se

Karlskrona 109

€–€€ | Aston Hotell Familiengeführtes Hotel in der Altstadt. Gäste haben die Wahl zwischen Zimmern und Appartments, alle mit charmanter Ausstattung. Zum Service gehört von Mo–Do ein Abendbuffet, das im Zimmerpreis inbegriffen ist. ■ Landbrogatan 1, 37134 Karlskrona, Tel. 0455/19470, www.hotel laston.se

Ystad 111

€€ Anno 1793 Sekelgården Das Hotel in einem alten Fachwerkhaus wurde von der schwedischen Zeitschrift »Gourmet« zu einem der romantischsten Hotels des Landes gewählt. Fans von Henning Mankell quartieren sich mit Vorliebe hier ein. Denn das Haus spielt in einigen seiner Krimis eine Rolle. Zentral im Zentrum von Ystad. ■ Storgatan 25, 27231 Simrishamn, Tel. 0414/411755, www.kockskagarden.se

€€–€€€ Hotell Kockska Gården Historisches Haus in der Nähe des Hafens von Simrishamn. 20 Zimmer, alle mit gehobener Ausstattung. Garten, Sauna und kostenlose Parkplätze. ■ Storgatan 25, 27231 Simrishamn, Tel. 0414/411755, www.kockskagarden.se

Rund um die großen Seen Vättern und Vänern

Die beliebte Urlaubsregion bietet einen großartigen Mix aus interessanten Städten und wunderbarer Landschaft

Der Vätter- und der Vänersee sind die beiden größten Seen Schwedens. Letzterer ist sogar der drittgrößte See von Europa. Die Uferlinie des Vänern ist 2000 km lang, 22000 Inseln verteilen sich über die riesige Wasserfläche. Für 700000 Menschen ist der See die Quelle ihres täglichen Trinkwassers.

Einer Legende zufolge wurden beide Seen von einem zornigen Riesen geschaffen, der riesige Erdstücke aus dem Boden herausriss und in Richtung Ostsee schleuderte. Die Löcher, die so entstanden und sich allmählich mit Wasser füllten, waren der Vänern und der Vättern. Die Erdbrocken, die im Meer landeten, sind heute die beiden größten schwedischen Inseln – Öland und Gotland. Tatsächlich sind die Seen allerdings ein Produkt der letzten Eiszeit. Ursprünglich waren sie mit dem Meer verbunden. Erst als sich die Gletscher zurückzogen und das Eis abschmolz, hob sich das Land und aus der ehemaligen Meeresbucht wurden die Seen. Vättern und Vänern gehören heute zu den beliebtesten Touristenzielen im Landesinneren. Besucher kommen gerade im Sommer hierher, um zu baden, zu segeln und mit dem Kanu zu fahren. Sie besuchen Sehenswürdigkeiten wie das Schloss Läckö oder besteigen den Berg Kinnekulle (306 m).

Von den zwei großen Seen ist es auch nicht weit zu den Küstenorten am Skagerrak und nach Göteborg, Schwedens zweitgrößter Stadt.

In diesem Kapitel:

ADAC Top Tipps:

5 Smögen
| Fischerort |
Das malerische Fischerdorf liegt auf der gleichnamigen Insel im Skagerrak. Besuchermagnet ist der Holzsteg am Hafen, die Smögenbryggan. 125

6 Läckö slott, bei Lidköping
| Schloss |
Das Barockschloss am Ufer des Vänersees beeindruckt durch seine Top-Lage, den hübschen Schlossgarten und seine wuchtigen Türme. 130

ADAC Empfehlungen:

12 Göteborgs konstmuseum
| Kunstmuseum |
Das Museum verfügt über eine ausgezeichnete Sammlung skandinavischer Kunst und hat auch Werke französischer Impressionisten und Postimpressionisten. 118

13 Tjörn und Orust
| Inseln |
Die Bilderbuchinseln sind ein Paradies für Wassersportler, im August ist die Segelregatta Tjörn Runt. 123

14 Tanums hällristningar, bei Smögen
| Archäologische Stätte |
Die Felsritzungen gehören zum Unesco-Weltkulturerbe. 126

15 Husaby kyrka, bei Lidköping
| Kirche |
Die älteste Steinkirche Schwedens mit beindruckenden Fresken liegt am Fuß des Bergs Kinnekulle. 131

16 Vimmerby
| Ort |
Das Schwedenidyll und Kinderland schlechthin am Geburtsort von Astrid Lindgren. 134

18 Göteborg

Weltoffene Metropole mit den besten Restaurants des Landes

Die »Bark Viknig« birgt heute ein Hotel und der Aussichtsturm Utkiken ein Restaurant

Information

- Göteborgs Turistbyrå, Tel. 031/368 4200, www.goteborg.com
- Parken: siehe S. 121

Göteborg (572 000 Einw.) ist die zweitgrößte Stadt und die wichtigste Hafenstadt des Landes. Anders als der Hafen von Stockholm bleibt der von Göteborg durch die günstige Lage an der Westküste im Winter eisfrei. Daher stachen von hier aus schon die Ostindienfahrer in See. Der langjährige Handel mit fernen Kontinenten hat der Stadt eine Weltläufigkeit beschert, die bis heute in den Straßen zu spüren ist. Bunte Flanier- und Shoppingmeilen, ein lebendiges Kultur- und Nachtleben und die Tatsache, dass Göteborg als kulinarische Hauptstadt Schwedens gilt, machen die Stadt zu einem attraktiven Reiseziel und zu einem »Must see« für alle, die Schwedens Westküste erkunden wollen.

An den Ufern des in den Kattegat mündenden Flusses Göta älv lebten Menschen schon lange, bevor die Stadt 1621 auf Geheiß von König Gustav II. Adolf gegründet wurde. Doch nach dem königlichen Beschluss verlief die Entwicklung planvoll. Man holte holländische Baumeister ins Land, die die neue Stadt mit einem dichten Netz von Ka-

Plan S. 119

nälen durchzogen. Viele dieser künstlichen Wasserwege wurden allerdings im 19. Jh. wieder zugeschüttet, sodass man das holländisch geprägte Stadtbild von damals heute nur noch entlang des Stora Hamnkanalen, des Großen Hafenkanals, erahnen kann.

Zunächst prägte Fischerei die Wirtschaft der Stadt, bald wurden hier auch Eisen und Holz verschifft. 1731 gründete sich die schwedische Ostindien-Kompanie, wodurch der Handel mit Indien und Ostasien in Schwung kam. Im 20. Jh. dann bescherte die Industrialisierung dem Hafen und der Stadt neue Impulse und sorgte für Wachstum.

Sehenswert

1 Lilla Bommen

| Jachthafen |

Als Ausgangspunkt für einen Rundgang bietet sich der Gästehafen Lilla Bommen am Ostufer des Göta älv an. Hier liegen im Sommer Dutzende Jachten vor Anker. Zudem locken Kneipen und Cafés am Lilla Bommens Torg.

2 Opera

| Architektur |

Gleich in der Nachbarschaft von Lilla Bommen erhebt sich das 1994 eröffnete Opernhaus. Es besticht nicht nur mit seiner Akustik, sondern begeistert auch Architekturfans. Der Architekt Jan Izkowitz hat hier ein »Schiff« in die Landschaft gesetzt.

■ Christina Nilssons gata, en.opera.se, Tickets Tel. 031/13 13 00

3 Maritiman

| Museumshafen |

Besucher können an Bord mehrerer Museumsschiffe gehen, auch ein U-Boot, die »Nordkaparen«, liegt hier vor Anker. Interessanter wird der Rundgang mit dem Audioguide (auch auf Deutsch), den man kostenlos aufs Smartphone downloaden kann.

■ Packhusplatsen 12, www.maritiman.se, Juni–Aug. 10–17 oder 18 Uhr, sonst nur am Wochenende, 165 SEK, bis 15 J. 95 SEK

4 Gamla stan

| Altstadt |

Zwischen Maritiman und Hauptbahnhof, zu beiden Seiten des Stora Hamnkanals, durch den Fluss Göta älv im

Westen und im Süden und durch den Wallgraben begrenzt, erstreckt sich die Altstadt mit ihren schachbrettartig angelegten Straßen. Sehenswert ist das Kronhuset (Kronhusgatan 11), das älteste weltliche Gebäude Göteborgs. Der weite, rechteckige Gustav Adolfs torg an der Nordseite des Stora Hamnkanals bildet das repräsentative Herz der Stadt. Auf dem nach ihm benannten Platz begegnet man dem Stadtgründer in Form eines Bronzestandbilds. Die imposante Börse flankiert den Platz an der Nordseite, an der Westseite steht das Rådhus (17. Jh.), erbaut von Nicodemus Tessin d. Ä. Der Baumeister wurde seinerzeit mit etlichen Prestigeprojekten betraut. Westlich des Rathauses erhebt sich die Kristina kyrka, die schon kurz nach der Stadtgründung für die deutschen Bewohner Göteborgs gebaut wurde. Im 18. Jh. abgebrannt, wurde sie 1748–1783 wiederaufgebaut. An der Kreuzung Västra Hamngatan/Kungsgatan steht der klassizistische Dom, 1815 auf zwei Vorgängerbauten errichtet.

5 Trädgårdsföreningens Park

| Park |

Mitten in der Stadt lockt der 1842 eingeweihte Park nicht nur mit Rasenflächen und Bäumen, sondern auch mit schönen alten Holzvillen, Palmen- und Schmetterlingshaus und Rosarium. Im Sommer finden hier Konzerte und Kindertheateraufführungen statt.

■ Slussgatan 1, www.tradgardsforeningen.se, Mai–Sept. tgl. 7–20, Okt.–April tgl. 7–18 Uhr

6 Feskekörka

| Markthalle |

Wer Fisch mag, sollte unbedingt der Markthalle einen Besuch abstatten, wo fangfrischer Fisch und Schalentiere in den kleinen Restaurants (empfehlenswert ist das Restaurang Gabriel) und an den Imbissständen verzehrt werden können. Ihren Namen »Fischkirche« verdankt die 1874 eröffnete Halle ihrer Architektur, die in der Tat mehr an eine Kirche als an eine Markthalle erinnert. Dass man bei so einem Gebäude ohne stützende Pfeiler oder Trennwände auskam, war für die Zeit spektakulär.

■ Rosenlungsvägen, www.feskekörka.se, zurzeit wegen Renovierung geschl.

7 Haga

| Stadtviertel |

Haga gehört zu den ältesten Vierteln der Stadt. Die Häuser, in denen einst Industriearbeiter wohnten, sind heute hübsch restauriert und bei Studenten und Künstlern sehr beliebt. Schön ist ein Bummel über die Haga Nygatan, eine Fußgängerzone, mit ihren gemütlichen Cafés und Trödelläden.

8 Röhsska Museum

| Museum |

Mode, Möbel, Accessoires und auch noch Bücher – wie sich die Dinge, mit denen sich der Mensch bekleidet oder umgibt, im Lauf der Jahrhunderte verändert haben, veranschaulichen tausende formschöne Exponate.

■ Vasagatan 37–39, www.rohsska.se, Di, Mi 11–18, Do 11–20, Fr, Sa, So 11–17 Uhr, 60 SEK

9 Göteborgs konstmuseum

| Kunstmuseum |

12 *Das beste Kunstmuseum außerhalb der Hauptstadt*

Hochkarätige Sammlung mit Gemälden skandinavischer und europäischer Meister, u. a. Rembrandt, Rubens, van Gogh und Cézanne.

eborg
Lilla Bommen
Barken Viking
Skanskaskrapan/ Läppstiftet
Lilla Bommens Torg
Lilla Bommens Hamn
Jussi Björlings Plats
Opera
Götatunneln
NORDSTADEN
GULLBERGS-VASS
Mårten Krakowgatan
Hisingsbron
Gullbergskajen
Strandgata
Torsgatan
Trollhätteg.
Kruthusgatan
Gullbergsvassg.
Busstermial
Central-station
Nils Ericsons-platsen
Burggrevegatan
Åkare-platsen
Odinsgatan
Polhems-platsen
Drottning-torget
Fattighusån
Ullevigatan
Gamla Ullevi
Tennis-hall
Maritiman
Packhuskajen
Göta älv
Casino
Kronhuset
Med. Museet
Gamla stan
Nordstads-torget
Tings-rätten
Rådhuset
Gustaf Adolfs Torg
Tyska kyrkan
Stads-museet
BRUNNS-PARKEN
Hotell-platsen
Rosarium
Fröma-gasinet
Fjärlis-huset
Växt-huset
Palm-huset
Stenpiren
Skepps-broplatsen
Länsstyrelsen
Lilla Torget
Antik-hallarna
INOM VALLGRAVEN
Stora Hamnkanalen
Södra Hamngatan
Dom-kyrkan
Kungsports-platsen
TRÄDGÅRDS-FÖRENINGENS PARK
BÄLTESSPÄNNAR-PARKEN
Katolska Kyrkan
Sture-platsen
Saluhallen
Kungs-torget
Stora Teatern
Charles Felix Lindbergs Plats
Bussterminal
HEDEN
EXERCIS-HEDEN
Parkgatan
Nya Allén
Götatunneln
Kasern-torget
Sociala Huset
Grönsaks-torget
Kungsparken
Esperanto-platsen
PUSTERVIK
Feskekörka
Rosenlunds-platsen
Pusterviks-platsen
Hvitfeldts-platsen
Rosenlundskanalen
Vasa-R. Wallenbergs Gata
Södra vägen
Konst-högskola
Röhsska Museum
Världskulturmuseerna (700 m)
Universeum (700 m)
Karl Gerhards Plats
Stads-bibl.
Götaplatsen
Nya allén
Södra Allégatan
Smyrna-kyrkan
Haga-kyrkan
Teater Jaguar
VASA-STADEN
Vasa-platsen
Universitetet
VASAPARKEN
HAGA
Haga Östergata
Haga Nygata
Haga Kyrko-plan
Tomte-huset
Schillerska gymnasiet
Vasa-kyrkan
Vasa Kyrkog.
Student-kåren
Hvitfeldtska gymnasiet
Lands-arkivet
Göteborgs konstmuseum
Ekma nsg.
Universitet Handels-högskolan
Lilla Bergsg.
Victoria-skolan
Utsikts-platsen
SKANS-PARKEN
Skansen Kronan
Skans-torget
Nilssons-berg
Sprängkulls-gatan
ANNEDAL
Aschebergsgatan
Högås-platsen
Kapell-platsen
Franska skolan Göteborg
Botaniska trädgården (1,3 km)
Slottsskog (2 km)
0
300 m

Der Natur ganz nah – im Experimentierzentrum Universeum

■ Götaplatsen 6, Tel. 031/368 35 00, www.goteborgskonstmuseum.se, Di, Do 11–18, Mi 11–20, Fr–So 11–17 Uhr, 60 SEK, unter 20 J. frei

10 Universeum

| Wissenschaftszentrum |

Der Name ist Programm – hier kann man an einem Tag im Regenwald auf Entdeckungsreise gehen, den Weltraum erkunden, in die Tiefen des Ozeans hinuntertauchen, Fische streicheln und durch schwedische Wildnis wandern. Nicht nur Kinder können spannende Experimente machen.

■ Södra vägen 50, Tel. 031/335 64 00, www.universeum.se, tgl. 10–18 Uhr, Eintritt 260 SEK (online 245 SEK)

11 Världkulturmuseerna

| Museum |

Dieses Museum liegt gleich neben dem Universeum. In wechselnden Ausstellungen werden Kulturthemen aus allen Regionen des Globus präsentiert, z. B. die alten Handelsrouten oder die Geschichte des Teeanbaus in China. Auch für Kinder interessant. Architektonisch ist das 2004 eröffnete Museum ebenfalls gelungen.

■ Södra vägen 54, www.varldskultur museet.se, Di, Do–So 11–17, Mi 11–20 Uhr, Eintritt frei

12 Slottsskog

| Park |

Südwestlich der Innenstadt erstreckt sich der größte Park Göteborgs, einheimische Tiere leben hier in weitläufigen Gehegen. Sehenswert sind das Naturhistorische Museum und – in der dunkleren Jahreszeit – das Observatorium (Björn Hedvalls Stig, www.slottsskogs observatoriet.se), wo Besucher in den nördlichen Sternenhimmel schauen können. Das Museum liegt in der nordwestlichen Ecke des Parks.

13 Botaniska trädgården

| Botanischer Garten |

Am südöstlichen Rand des Slottskog schließt sich der Botanische Garten an.

Mit seinen 16 000 Pflanzenarten ist er für Gartenfreunde ein Muss.

■ Carl Skottsbergs gata 22A, www.botaniska.se, tgl. ab 9 Uhr bis Einbruch der Dunkelheit, Eintritt frei

14 Volvo Museum

| Automuseum |

Pkw, Busse und Lkw, Prototypen und Serienmodelle, bahnbrechende Innovationen – hier feiert sich die traditionsreiche schwedische Automarke.

■ Arendal Skans, www.volvomuseum.com, Mo–Fr 10–17, Sa, So 11–16 Uhr, Eintritt 140 SEK

Restaurants

€ | **Läppstiftet** Schon von Weitem fällt das rot-weiße Bürohochhaus Skanskaskrapan auf. Es wurde in den 1980er Jahren gebaut und wird wegen seiner abgeschrägten roten Spitze auch »Läppstiftet« (Lippenstift) genannt. In der obersten Etage hat man aus dem Restaurant (Café 7.30–13.30, Mittagessen 11–13 Uhr) einen tollen Weitblick über Stadt und Hafen. ■ Lilla Bommen 1, Tel. 031/15 61 50, www.restauranglappstiftet.gastrogate.com. Plan S. 119 b2

€€ | **Björk & Bambu** In dem kleinen sympathischen Restaurant kann man probieren, wie gut es schmeckt, wenn schwedische Küche einen asiatischen Einschlag bekommt. Hochwertige Zutaten toll zubereitet! ■ Vegagatan 50, südwestl. Skanspark, Tel. 031/ 13 80 50, www.bjorkochbambu.se, Di–Do 17–23, Fr, Sa, 17–24 Uhr. Plan S. 119 südl. a6

€€€ | **SK Mat & Människor** Eines der besten Restaurants der Stadt, skandinavische Gourmetküche (Michelin-Stern) und skandinavisches Edeldesign. Für das 6-Gang-Probiermenü sollte man mind. 3 Std. Zeit einplanen. ■ Johannebergsgatan 24, Tel. 031/81 25 80, en.skmat.se, Mo–Sa ab 17 Uhr, nur Reservierung. Plan S. 119 östl. d5

Einkaufen

Magasinsgatan In dieser Straße (nahe Domkyrkan) und in ihren Seitenstraßen finden sich zahlreiche kleine Modegeschäfte, die – abseits des internationalen Ketten-Mainstreams – Labels von schwedischen Designern verkaufen. ■ Plan S. 119 b4

Kneipen, Bars und Clubs

Bon Bon Bar In der glamourösen Bar des schicken Clarion Post Hotels treffen sich schrille Nachtschwärmer und Luxusgeschöpfe auf den einen oder anderen Cocktail. ■ Drottningtorget 10, Di–Sa 17–1 Uhr. Plan S. 119 c3

Nefertiti In diesem Club (mit Restaurant) sind schon viele Stars der schwe-

ADAC Mobil

In der Innenstadt können Autos nur kostenpflichtig abgestellt werden. Die Parkdauer auf Stellplätzen am Straßenrand ist auf 1 Std., in den Einkaufszonen der Innenstadt auf 30 Min. beschränkt. Ohne Zeitlimit kann man in **Parkhäusern** und »Car Parks« parken, Standorte und Preise stehen unter en.parkopedia.se. Für eine Sightseeingtour, die am Lilla Bommen beginnt, liegt das rund um die Uhr geöffnete P-hus Nordstan im Einkaufszentrum direkt neben dem Hauptbahnhof günstig, Einfahrt Spannmålsgatan 20, www.nordstan.se, 6–18 und 22–6 Uhr, 30 SEK pro Std., 18–22 Uhr gratis.

dischen und internationalen Jazzszene aufgetreten. Andere Musikstile wie Latino, Tango oder Elektro stehen auch regelmäßig auf dem Programm. ■ Hvitfeldtsplatsen 6, www.nefertiti.se. Plan S. 119 b4

Stranger Eine bodenständige Cocktailbar mit guter Atmosphäre. Zum Drink kann man Köstlichkeiten aus dem Meer bestellen. ■ Kungstorget 14, Mi–Sa 18–3, So 21–3 Uhr. Plan S. 119 c4

Kinder

Liseberg-Park Dieser Vergnügungspark ist der größte im Land, hat eine lange Geschichte und bietet für jeden etwas: einen Lustgarten mit spektakulären Pflanzen, künstlichen Wasserfällen und gestalteten Parklandschaften, Achterbahnen und andere Fahrgeschäfte, Konzert-, Theater- und Kleinkunstbühnen. ■ Örgrytevägen 5, www.liseberg.com, Juni, Juli, 1. Hälfte Aug. tgl., sonst wechselnde Öffnungstage, Eintritt 95 SEK, inkl. Pass für alle Fahrgeschäfte 395 SEK. Plan S. 119 östl. d6

19 Varberg

Badeort mit Tradition, tollen Sandstränden und perfekter Surferbucht

Information

■ Visit Varberg, Västra Vallgatan 39, 43241 Varberg, Tel. 0340/868 00, www.visitvarberg.se

Varberg mit seinen 34 000 Einwohnern empfiehlt sich schon seit dem 19. Jh. als Kur- und Badeort. Die Dichte an Wellnesshotels ist hoch, die Strandpromenade lang. Im Sommer locken vor allem die tollen Strände südlich des Ortes.

Sehenswert

Varbergs Fästning/ Museum Halland
| Museum |
Wahrzeichen der Stadt Varberg ist die Festung aus dem 13. Jh. mit einer Aussicht aufs Kattegat. Heute beherbergt sie das Museum der Provinz Halland, wo man viel über die Kulturgeschichte der Region erfährt und auch einer Mumie begegnet, bei der es sich um einen im Mittelalter ermordeten und im Moor versenkten Steuereintreiber handeln soll – möglich ist's.
■ Fästningen 1, www.museumhalland.se/varbergs-fastning, jederzeit frei zugänglich

Apelviken Strand
| Strand |
Südlich von Varberg locken herrliche ellenlange Sandstrände. Der Küstenabschnitt bei Apelviken ist nicht nur ein ausgezeichnetes Bade-, sondern auch ein tolles Surfrevier.

Einkaufen

Vagabond Store (Outlet) Varberg ist Schwedens Schuhstadt, von hier kommen bekannte Marken, u. a. Schuhe von Vagabond. ■ Birger Svenssons väg 36, Mo–Fr 8.30–18 Uhr

Sport

Kallbadhuset Eine Brücke führt zu dem 1903 erbauten Badehaus, das auf Stelzen im Wasser steht. Vor dem hüllenlosen Bad im Meer kann man sich in der Sauna aufheizen. ■ Otto Torells gatan 7, www.kallbadhuset.se, im Sommer Mo, Di, Do, Fr 10–18, Mi 10–20, Sa, So 9–18, sonst Mi 13–20, Fr 11–17, Sa, So 9–17 Uhr, 85 SEK, erm. 55 SEK

Orust, mit Tjörn über eine Brücke verbunden, ist die drittgrößte Insel Schwedens

20 Tjörn und Orust

13 *Beschaulich – die Bilderbuchinseln im Schärengarten*

Information

■ Tjorns turistbyrå, Kroksdalsvägen 1, 47180 Skärhamn, Tel. 0304/601016, www.tjorn.se

Mit einer Fläche von 148 km² ist Tjörn Schwedens sechstgrößte Insel und dazu eine der schönsten. In einem herrlichen Schärengarten gelegen bietet sie ideale Voraussetzungen für einen eher ruhigen Urlaub – bunte Holzhäuser, Birkenhaine und idyllische Badebuchten sorgen für eine Bilderbuchkulisse. Mit dem Festland ist Tjörn über Brücken verbunden. Skärhamn, der Hauptort, liegt an der Westküste. Mit verwinkelten Gassen, Restaurants und Cafés lockt er Hobbykapitäne zu einem Landgang. Mit ähnlich malerischem Ambiente bestricht Orust, die noch größere Nachbarinsel (345,6 km²), zu der von Tjörn eine Brücke hinüberführt.

Sehenswert

Nordiska Akvarellmuseet

| Museum |

Die Farben des Nordens und die pittoresken Fischerorte der Insel inspirieren Maler stets aufs Neue. Die Resultate – Aquarell auf Leinwand – kann man hier sehen und bestaunen.

■ Södra hamnen 6, Skärhamn, Tel. 0304/60 00 80, www.akvarellmuseet.org, Mai–Aug. tgl. 11–18, sonst Di–So 11–16 Uhr, 140 SEK (Nebensaison 70 SEK), unter 26 J. frei

Restaurants

€€ | Vatten Gourmet & Kafé Schickes Restaurant am Museum, grandiose Aussicht auf den Schärengarten. Fisch

Im Blickpunkt

Auf dem Wasserweg – der Götakanal

Wer auf dem Götakanal reist, hat Zeit. Auf dem engen Kanal, der Schweden von West nach Ost durchzieht und der dabei die verschiedensten Landschaften durchquert, geht es in Schrittgeschwindigkeit dahin. Unterwegs ist man mit einem von drei alten Dampfschiffen, deren ältestes, die »Juno«, 1874 erbaut wurde und damit zu den ältesten noch fahrenden Passagierschiffen der Welt gehört. Länger als 30 m und breiter als 7 m darf kein Schiff sein, das auf dem Wasserweg unterwegs ist. Entsprechend beengt geht es an Bord zu. Die Doppelkabinen, in denen nichts anderes als ein Stockbett Platz findet, sind winzig. Stehend hat da nur einer der beiden Gäste Platz.
Aber der Luxus auf den alten Dampfschiffen liegt eben nicht in der Ausstattung der Kabinen. Es ist die entschleunigte Art des Reisens, die die Passagiere anlockt. Fast scheint es so, als würden die alten Schiffe einen gemächlichen Spaziergang durch Wiesen und Wälder machen. Die Natur zieht wie ein Kaleidoskop vorbei. Zum Greifen nahe tauchen links und rechts des Schiffes verschiedenste Tierarten auf. Mal trabt ein Elch aufgeschreckt davon, mal fliegen Gänse schnatternd auf. Die Gegend am Ufer des Götakanals sieht genauso aus, wie man es sich nach den Büchern von Astrid Lindgren vorstellt, und niemand würde sich wundern, wenn an einer der 58 Schleusen Pippi Langstrumpf lachend winken würde.
Rederi Göta Kanal AB, Pusterviksgatan 13, 41301 Göteborg, www.gotacanal.se

und Muscheln stehen im Mittelpunkt des kulinarischen Geschehens, Fleisch und Vegetarisches gibt's aber auch.
■ Södra hamnen 6, Skärhamn, Tel. 0304/670087, www.restaurangvatten.se, tgl. 11–16, Mi–Sa auch 17.30–22 Uhr

21 Trollhättan

Heimat der Schwedenautos, Filmstudios und ein Stadt-Wasserfall

Information

■ Visit Trollhättan, Drottningtorget 1, 46130 Trollhättan, Tel. 0520/13509, www.vastsverige.com/visittrollhattanvanersborg

In der Industriestadt am Südufer des Vänern sind bedeutende Unternehmen zu Hause: der Autobauer Saab und GKN Aerospace. In den Filmstudios wurden »Dancer in the dark« und andere bekannte skandinavische Filme gedreht, was der Stadt den Spitznamen »Trollywood« eingebracht hat.

Sehenswert

Saab Car Museum
| Automuseum |
Serienmodelle, Prototypen, Testautos und Rennwagen – hier sind die Meilensteine der Saab-Geschichte unter einem Dach vereint.
■ Åkerssjövägen 18, Tel. 0520/289443, saabcarmuseum.se, Di–So 11–16 Uhr, Eintritt 120 SEK

Innovatum Science Center
| Technikmuseum |
Eine Experimentierlandschaft für Technikbegeisterte und solche, die es werden könnten – ein Museum, das besonders für Kinder spannend ist.
■ Åkerssjövägen 16, Tel. 0520/289400, www.innovatumsciencecenter.se, Di 11–14, Mi–So 11–16 Uhr, 140 SEK

Trollhättan Fall
| Wasserfall |
Der 32 m hohe Wasserfall im Stadtgebiet wird zur Energiegewinnung genutzt. Manchmal aber muss der Göta älv nicht »arbeiten«, dann werden die Schleusen geöffnet und der Fluss stürzt ungezähmt in die Tiefe – ein Riesenspektakel für Schaulustige.
■ Landbergsliden, www.vastsverige.com/Fall-och-sluss, Mitte Juni–Aug. Mi–So 15 Uhr

Kanalmuseet
| Museum |
In diesem Museum werden die Technik und die Geschichte des Götakanals thematisiert. Besonders spannend ist das historische Filmmaterial.
■ Åkersbergsvägen 42, Ende Juni–Anf. Sept. tgl. 10–18 Uhr, Eintritt frei

22 Smögen

5 *Dies ist einer der bezauberndsten Fischerorte des Landes*

Information

■ Köpmantorget 10, 45631 Kungshamn, Tel. 0523/665550, www.vastsverige.com

Fischerhütten, rot, grün, gelb oder blau gestrichen, sind das Markenzeichen von Smögen, dem Hauptort der gleichnamigen Insel, die mit dem Festlandort Kungshamn durch eine Brücke verbunden ist. Das bezaubernde Schärenstädtchen ist ein Postkartenidyll und bis heute einer der Hauptumschlagplätze der schwedischen Fischindustrie. Die Strände am Skagerrak, aalglatte Bade- und Angelfelsen und Wanderwege, auf denen man die See fast immer im Blick hat, machen Smögen zu einem beliebten Touristenziel. Hunderttausende zieht es im Sommer hierher. Zahlreiche Cafés, Restaurants und Galerien öffnen in der Saison ihre Türen. Im Winter geht es beschaulich zu auf der kleinen Insel, die gerade einmal 1400 dauerhafte Bewohner hat.

Sehenswert

Smögenbryggan

| Hafen |

Der fast 1 km lange Holzsteg führt vor Granitfelsenkulisse am Hafen entlang. Mit seinen bunten Holzhäusern, den Bootsschuppen, Cafés, Restaurants und Souvenirläden ist er quirliger Treffpunkt und beliebtes Fotomotiv. Auf der Smögenbryggan finden im Sommer mehrmals täglich Fischauktionen statt, und zwar um 8, 12 und 17 Uhr. Von hier fahren auch die Ausflugsboote zur benachbarten Felseninsel Hållö ab.

Im Blickpunkt

Tanum – Küsse aus der Bronzezeit?

In der Gegend um die westschwedische Gemeinde Tanum hat man in Aspeberget, Fossum, Litsleby, Gerum, Kalleby und Vitlycke tausende von Felsritzungen aus der Bronzezeit (1800–400 v. Chr.) entdeckt. Hauptmotive der Darstellungen sind Schiffe und Menschen. »Das Brautpaar« wird eine Felsritzung genannt, die den Kuss zweier Liebender darstellt. An vielen Stellen hat man die Ritzungen mit roter Farbe ausgemalt, um sie für den Betrachter erkennbarer zu machen. Als sie geschaffen wurden, lagen die Felsritzungen direkt am Meer, heute an Land in einer Höhe von etwa 30 m.

In der Umgebung

Nordens Arc

| Zoo |

Die »Arche des Nordens« erreicht man ab Kungshamn etwa 20 km über die Straße 174 in nördliche Richtung. Das Reservat mit großzügig angelegten Gehegen widmet sich alten skandinavischen Haustierrassen, aber auch exotischen Tieren wie Schneeleoparden.

■ Åby säteri, Hunnebostrand, en.nordensark.se, Juli–Mitte Aug. 10–19, sonst 10–17, im Winter 10–16 Uhr, 280 SEK, Kinder 130 SEK, Preise variieren je nach Saison

Fjällbacka

| Ort |

Knapp 40 km liegen zwischen Kungshamn und Fjällbacka, das mit seiner pittoresken Kulisse zu den schönsten Orten der schwedischen Westküste gehört. Hier hat Ingrid Bergmann Ferien gemacht und hier fanden Location-Scouts die perfekte Kulisse für die Verfilmung von Astrid Lindgrens Buch »Ronja Räubertochter«.

Tanums hällristningar

| Archäologische Stätte |

14 *Die Felsritzungen aus der Bronzezeit sind Weltkulturerbe*

In der Nähe von Tanum, 50 km von Kungshamn, findet man, gut ausgeschildert, an mehreren Stellen Felsritzungen, die teilweise mehr als 3000 Jahre alt sind. In Vitlycke, einer der

Beliebtes Fotomotiv: die Smögenbryggan mit ihren bunten Holzhäusern

Fundstellen, erfährt man im Felsenbildermuseum (www.vitlyckemuseum.se, nur im Sommer geöffnet) mehr über den Ursprung und die Bedeutung dieser frühen Kunstwerke.

■ April Sa, So 10–16, Mai–Aug. tgl. 10–17, Sept., tgl. 10–16 Uhr, Eintritt frei

23 Mårbacka

Auf dem Gehöft der Schriftstellerin und Nobelpreisträgerin Selma Lagerlöf

Information

■ Mårbacka 42, 68696 Östra Ämtervik, Tel. 056/53 10 27, www.marbacka.com

Nördlich von Karlstad, in der Gemeinde Sunne, liegt Gut Mårbacka, auf dem die nobelpreisgekrönte Schriftstellerin Selma Lagerlöf (1858–1940) geboren wurde. Mårbacka war für Lagerlöf zeitlebens der Inbegriff von Heimat und Geborgenheit. Nach dem Tod ihres Vaters war das Gut verkauft worden, 1907 kaufte sich die Dichterin das stattliche Haus zurück. Mit dem Preisgeld, das sie für den Literaturnobelpreis erhielt, konnte sie drei Jahre später auch die umliegenden Ländereien zurückerwerben. In ihrem Testament bestimmte Lagerlöf, dass Mårbacka als Erinnerungsstätte erhalten bleiben und Besuchern offenstehen soll.

Sehenswert

Herrenhaus Mårbacka

| Museumshaus |

Das Herrenhaus sieht noch immer so aus, als würde es von der großen alten Dame der schwedischen Literatur bewohnt. An der vornehmen Einrichtung wurde nichts verändert. Besonders eindrucksvoll ist die Bibliothek, in der die Nobelpreisträgerin viele ihrer berühmten Werke schrieb. Auch der Garten dürfte in etwa so aussehen, wie Lagerlöf ihn mithilfe ihrer Gärtnerin angelegt hatte. Ausstellungen auf Mårbacka richten sich vor allem an

Karlstad liegt im weit verzweigten Delta des Klaraälven

Kinder – bei Schnitzeljagden und anderen Mitmachaktionen wollen ihnen die Museumsmacher Nils Holgersson und andere Figuren aus den Kinderbüchern Lagerlöfs näherbringen. Besichtigung des Hauses ist nur im Rahmen einer Führung möglich.

■ www.marbacka.com, Aug., Sept. Sa, So 11–14, Okt.–Dez. Sa 13 Uhr, 175 SEK, Kinder 70 SEK, in der Nebensaison günstiger, Besichtigung des Grundstücks Mai–Sept., 50 SEK, Kinder frei

In der Umgebung

Östra Ämtervik

| Friedhof |

Südlich von Mårbacka, auf dem Friedhof der kleinen Gemeinde Östra Ämtervik, liegt Selma Lagerlöf begraben. In der Mitte der Siedlung von der Hauptstraße links abbiegen Richtung »Kyrka« und »Kyrkogård«.

24 Karlstad

Mit dem Wasserbus fahren, einkaufen und Kunst anschauen

Information

■ Karlstads turistbyrå, Tel. 054/540 00 00, www.visitkarlstad.se

Karlstad, am Nordufer des Vänersees, ist der Hauptort der Provinz Värmland, Kultur- und Handelszentrum gleichermaßen. Eindrucksvoll ist das Stadtbild vor allem aus der Vogelperspektive. Die Stadt wurde im Delta des Klarälven gebaut, der sich an dieser Stelle weit verzweigt in den Vänern ergießt. Etliche Brücken verbinden die Stadtteile und anstatt in einen normalen Bus zu steigen, schippert man hier gern in einem »båtbussen« auf Wasserstraßen zum Shopping in die Innenstadt. Von

Bausünden der 1960er und 1970er Jahre ist Karlstad nicht verschont geblieben, was u. a. am Stortorg, dem zentralen Platz, den Charme vermissen lässt. Nur einige schmucke Bürgerhäuser und die Domkyrka geben noch eine Vorstellung davon, wie die Stadt einst ausgesehen hat, bevor die Pracht beim großen Brand von 1865 in Flammen aufging. Für die Landesgeschichte ist ein anderes Datum wichtiger: 1905 fanden hier die Verhandlungen über die Auflösung der Union zwischen Schweden und Norwegen statt.

Sehenswert

Värmlands museet

| Museum |

Mitten im Stadtzentrum präsentiert das Museum Kunstwerke vom 18. Jh. bis heute. Marc Chagall und Joan Miró sind ebenso vertreten wie die schwedischen Künstler Anders Zorn und Lena Cronkvist.

■ Sandgrundsudden, www.varmlandsmuseum.se, Mo, Di, Do, Fr 10–18, Mi 10–20, Sa, So 11–16 Uhr, 100 SEK

Cafés

Löfbergs Kafé Rosteriet Seit 100 Jahren röstet Löfberg in Karlstad seine Kaffeebohnen. Ein Café im Gebäude bietet Gelegenheit, alle Sorten zu probieren. ■ Tolagsgatan 1, Mo–Fr 8–17, Sa, So 10–16 Uhr

In der Umgebung

Picasso-Kunstwerk

| Skulptur |

Über die E18 Richtung Osten erreicht man die Stadt Kristinehamn am Nordostufer des Vänern mit der 15 m hohen Picasso-Skulptur »Jacqueline« am Vålösundet – das größte Kunstwerk des Meisters überhaupt.

Alfred Nobels Björkborn

| Museum |

Ebenfalls über die E18 erreichbar liegt in Karlskoga das Gutshaus, in dem der Stifter des berühmtesten aller Preise die Sommer verbrachte.

■ Björkbornsvägen 10, Karlskoga, www.nobelkarlskoga.se, Mitte Juli–Aug. tgl. Führungen, auf Englisch um 13 Uhr (in der Nebensaison nur am Wochenende und nur auf Schwedisch), Eintritt 120 SEK

25 Örebro

Ein Märchenschloss, ein Freilichtmuseum und jede Menge Wasserspaß

Information

■ Örebro Turistbyrå, Kansligatan 1 (im Schloss), 70361 Örebo, Tel. 019/212121, www.visitorebro.se

Schloss Örebro liegt auf einer Insel im Fluss Svartån, an dessen Ufern sich die Stadt ausbreitet. Hier hat die Stadtentwicklung im 13. Jh. ihren Anfang genommen, mit einem Befestigungsturm, erbaut, um eine Brücke zu sichern. Handeltreibende im Mittelalter querten sie, wenn sie von der einen zur anderen schwedischen Küste gelangen wollten. Der Hjälmare-Kanal, der das im Herzen Schwedens liegende Örebro mit der Ostsee verbindet, brachte weitere Wachstumsimpulse. Bis in die 1960er Jahre war die alte Handelsstadt (aktuell 120 000 Einw.) ein Zentrum der Schuhindustrie. Heute empfiehlt sie sich als sympathische Kongress- und Messestadt.

Sehenswert

Örebro slott

| Schloss |

Wie aus dem Märchen mutet Örebro slott mit seinen wuchtigen Türmen an. Ende des 16. Jh. wurde die ehemalige Burg (13. Jh.) in ein schmuckes Renaissanceschloss umgebaut und im 19. Jh. im Stil der Nationalromantik nochmals umgestaltet.

■ Kansligatan 1, www.orebroslott.se/de, Führungen ganzjährig Sa, So 13 Uhr, 60 SEK, Kinder 30 SEK

Wadköping

| Freilichtmuseum |

Im ältesten Stadtviertel finden sich in einem Freilichtmuseum historische Holzhäuser wieder, die bis ins 20. Jh. hinein im Zentrum der Stadt standen, dort aber Neubauten Platz machen mussten. Außerhalb des Museums locken Läden, Handwerksbetriebe, gemütliche Cafés und Restaurants.

■ Bertil Waldens gata, www.orebro.se/wadkoping, Eintritt frei

Kinder

Lost City Wasserfreizeitpark, Attraktionen drinnen und draußen.

■ Stenbackevägen 4, www.lostcity.se, tgl. 9–21 Uhr, Nebensaison kürzer, 295 SEK, bis 11. J. 195 SEK

In der Umgebung

Garphyttans nationalpark

| Nationalpark |

Etwa 20 Min. dauert die Autofahrt von Örebro nach Svenshyttan, dem Tor zu einem der ältesten Nationalparks Europas. Schon 1909 wurde das Gebiet unter Schutz gestellt. Die Rundwege führen durch eine von Wiesen und dichten Laubwäldern geprägte Kulturlandschaft.

■ Ab Örebro über die E18 Richtung Westen, Ausfahrt Lanna

26 Lidköping

Der perfekte Ausgangspunkt für Touren zum Vänersee und Berg Kinnekulle

Information

■ Lidköping turistbyrå, Rådhuset, Nya stadens torg, 53131 Lidköping, Tel. 0510/200 20, www.vastsverige.com/sv/lackokinnekulle

Eigentlich machen Reisende um Industriestädte gern und zu recht einen Bogen. Bei Lidköping (23 000 Einw.) lohnt es sich aber, eine Ausnahme von dieser Regel zu machen. Das hölzerne Jagdschloss am Markt diente lange Zeit als Rathaus. Heute ist es das inoffizielle Wahrzeichen des Ortes (und Sitz der Touristeninformation). Rund um Lidköping liegen schöne Ziele für Tagesausflüge.

In der Umgebung

Läckö slott

| Schloss |

6 *Ein barockes Märchenschloss am Vänersee*

25 km nördlich von Lidköping liegt Schloss Läckö, auf einer Halbinsel »in Bestlage« im Vänersee. Im späten 13. Jh. ließ der Bischof von Skara hier eine Festung errichten, die im Lauf der Jahrhunderte immer weiter aus- und umgebaut wurde. Das schöne Schloss, heute die meistbesuchte Sehenswürdigkeit Westschwedens, erhielt sein

Erinnert ein wenig an eine Kirche: das alte Rathaus von Lidköping

barockes Äußeres im 17. Jh. Heute finden hier häufig Konzerte statt, auch die wechselnden Ausstellungen und der Schlossgarten locken zahlreiche Besucher an.

■ www.lackoslott.se, Besichtigungen nur mit Führung (auf Schwedisch oder Englisch, genaue Zeiten s. Webseite): 140 SEK, bis 26 J. frei

Husaby kyrka

| Kirche |

15 *Beeindruckende Kirche am Fuß des Plateaubergs Kinnekulle*

Die Kirche von Husaby (11. Jh.), 15 km nordöstlich von Lidköping gelegen, gehört zu den ältesten Steinkirchen Schwedens. In einer nahe gelegenen Quelle ließ sich der erste christliche König des Sveareiches, Olaf Skötkonung, 1008 taufen. Vor der Kirche befinden sich zwei Sarkophage, der Legende nach wurde in einem der beiden König Olaf begraben. Diese Vermutungen ließen sich aber bis heute nicht wissenschaftlich bestätigen. Nahe der Kirche, unmittelbar am Ufer des Vänersees, erhebt sich der 306 m hohe Berg Kinnekulle, von dem aus man einen weiten Blick genießt.

27 Jönköping

Heimat der Streichhölzer und Småland-Hauptstadt am Vättersee

Information

■ Destination Jönköping, Södra Strandgatan 13, 55320 Jönköping, Tel. 0771/211300, www.jkpg.com/en

Am Südufer des Vättern liegt Jönköping, die Hauptstadt der Provinz Småland. Hier hat man bewiesen, dass man auch mit kleinen Dingen großen

Im 16. Jh. auf Befehl von König Gustav Vasa erbaut: Wasserschloss Vadstena

Erfolg haben kann: Mit der Produktion von Streichhölzern brachte es die Stadt zu Beginn des 20. Jh. zu Wohlstand. Damals kamen gut 60 Prozent der Weltstreichholzproduktion aus Jönköping und der Begriff »Schwedenhölzer« war in aller Munde. Inzwischen werden Zündhölzer in China produziert, in Jönköping erinnert noch ein Museum an die alten Zeiten.

Sehenswert

Tändsticksmuseet

| Museum |

Im einzigen Streichholzmuseum der Welt, das passenderweise im Gebäude der ersten Streichholzfabrik der Stadt untergebracht ist, wird die Geschichte der Zündholzherstellung erzählt. U. a. kann man einen Blick in eine Arbeiterwohnung werfen. Bemerkenswert ist auch die große Streichholzschachtelsammlung.

■ Tändsticksgränd 27, Tel. 036/10 55 43, matchmuseum.jonkoping.se, Juni–Aug. Mo–Fr 10–17, Sa, So 10–15, Sept.–Mai Di–So 11–15 Uhr, 80 SEK, bis 19 J. frei, Dez., Jan. kostenlos

In der Umgebung

Grenna Museum

| Museum |

Eine knappe halbe Fahrstunde von Jönköping entfernt erreicht man Gränna, den Heimatort der »polkagrisar«, einer für Schweden typischen langen gestreiften Zuckerstange. Von hier stammte auch der Ballonfahrer Salomon August Andrée, der 1887 versucht hat, den Nordpol im Fesselballon zu erreichen – erst 33 Jahre später fand man Überreste der gescheiterten Expedition. Ihm und anderen Polarforschern widmet das Grenna Museum einen großen Teil seiner Ausstellung, der Rest beschäftigt sich mit lokalhistorischen Themen.

■ Brahegatan 38-40, Gränna, Tel. 036/ 10 38 90, www.grennamuseum.se, Sept.–April Mo–Fr 10–16, Sa, So 12–16, Mai tgl. 10–16 Juni–Aug. tgl. 10–17 Uhr, Eintritt 70 SEK

Visingsö

| Insel |

Die 14 km lange Insel Visingsö mit der prachtvollen Brahekirche aus dem 17. Jh., prähistorischen Gräberfeldern und den Ruinen von Visingsö borg ist ein beliebtes Ausflugsziel. Auch die schönen Badestrände locken zahlreiche Besucher an.

■ Erreichbar mit dem Schiff ab Gränna, www.visingso.net/farjetrafiken

28 Vadstena

Eine Kleinstadt mit dem berühmten Kloster der hl. Birgitta

Information

■ Vadstena turistbyrå, Storgatan 28, 59280 Vadstena, Tel. 0143/31570, www.vadstena.se

Die Kleinstadt Vadstena mit gut 5500 Einwohnern, schön gelegen am Ufer des Vättern, ist heute vor allem ein Touristenort. Das Birgittenkloster und das Schloss sind Besuchermagneten.

Sehenswert

Vadstena klosterkyrka

| Kirche |

Die alte Klosterkirche wurde zwischen 1395 und 1430 nach Plänen erbaut, die der Legende nach Gott selbst an Birgitta übermittelt hatte. In der Kirche befinden sich mehrere Darstellungen der hl. Birgitta, als beste gilt eine Skulptur von 1390 im Südostteil der Kirche. Sie zeigt Birgitta mit einem Buch in der einen Hand, in der anderen Hand, die vermutlich in der Reformationszeit abgeschlagen wurde, befand sich eine Schreibfeder. Drei Königinnen – Katharina (gest. 1450), Birgitta (gest. 1436), erste Gemahlin von König Karl Knutsson, und Philippa (gest. 1430) – sind in der Kirche begraben. Der fein gearbeitete Hauptaltar (1521) ist eine belgische Arbeit. Im Birgittenschrein sollen die Gebeine von Birgitta und ihrer Tochter Katharina liegen.

■ Lasarettsgatan 5, Sept.–Mai Mo–Do 8–16, Fr 8–19, Sa, So 10–16, Juni–Aug. Mo–Fr 8–19, Sa, So 9–19 Uhr

Bjälboättens palats

| Klosterbau |

Neben der Kirche liegt das Gebäude des ehemaligen Nonnenklosters. Vor der Klostergründung diente es als königlicher Sommerpalast. In einem Teil des Gebäudes ist heute ein Hotel untergebracht.

■ Lasarettsgatan

Im Blickpunkt

Die hl. Birgitta von Schweden

Birgitta wurde 1303 in der Nähe von Uppsala geboren. Schon als Kind hatte sie göttliche Erscheinungen, später als Erwachsene erhielt sie dann – nach eigenem Bekunden – von Gott den Auftrag, in Vadstena ein Kloster zu gründen. Dafür brauchte sie auch die Zustimmung des Papstes. Sie reiste also nach Rom und Avignon, dem damaligen Sitz des Kirchenoberhaupts. Doch es dauerte ganze 21 Jahre, bis sie endlich die Erlaubnis erhielt. Ihre Heimat Schweden sah Birgitta nie wieder. Von den Strapazen einer Pilgerfahrt nach Jerusalem geschwächt, starb sie 1373 in Rom. Ihr Kloster wurde trotzdem gebaut. Birgittas Tochter Katharina, die später ebenfalls heiliggesprochen wurde, kehrte nach Vadstena zurück und vollendete die Pläne der Mutter.

Vadstena slott

| Schloss |

1545 befahl Gustav Vasa den Bau einer Burg am Ufer des Vänersees. Schon im Lauf der Bauzeit verlor sie ihre militärische Bedeutung und wurde als vornehmes Schloss fertiggestellt.

■ Slottsvägen, www.vadstenaslott.com, Mai, Juni tgl. 12–16, Juli–Mitte Aug. tgl. 10–17, Mitte Aug.–Sept. tgl. 12–16 Uhr, 95 SEK

Restaurants

€€ | Gyllenhammars Restaurant Ein Schwedenhaus wie aus dem Bilderbuch, Gäste werden mit guter skandinavischer Küche und manchmal auch mit Livemusik verwöhnt. ■ Hovanäsvägen 7, Tel. 0143/200 02, www.gyllenhammars restaurant.se

29 Linköping

Der Dom und das landesweit bekannte Freilichtmuseum locken Besucher an

Information

■ Linköping turistbyrå, Tel. 013/190 00 70, www.visitlinkoping.se

Die Provinzhauptstadt Östergötlands (150 000 Einw.) ist Bischofs- und Universitätsstadt. Die 27 000 Studenten sorgen für ein dynamisches und reiches Nachtleben – und viele Fahrräder im Stadtbild. Überhaupt ist das Zentrum sehr fahrradfreundlich gestaltet. Im Sommer verwandelt sich der Marktplatz, Stora Torget, in ein großes Freilichtcafé. Von hier geht auch die Fußgängerzone mit Läden ab.

ADAC Mobil

Mieträder erhält man bei Nellborgs Cykel, Stationsgatan 18, Mo-Fr 9–18, Sa 10–14 Uhr.

Sehenswert

Domkyrka

| Kirche |

Der Dom von Linköping ist eine der größten Kirchen des Nordens. Der Bau wurde bereits 1120 begonnen, aber erst 1886 beendet, als der 107 m hohe Turm angefügt wurde.

■ St. Persgatan, www.linkopingsdom kyrka.se, tgl. 9–18 Uhr

Gamla Linköping

| Freilichtmuseum |

Gamla Linköping gehört mit fast hundert Gebäuden zu den wichtigsten Freilichtmuseen des Landes. Das Besondere: Viele der Häuser sind ständig bewohnt, sodass Gamla Linköping eher wie ein Stadtteil wirkt.

■ Kryddbodtorget 1, www.gamlalinkoping.info, jederzeit zugänglich, einzelne Läden und Handwerksbetriebe 10–16 oder 17 Uhr geöffnet

30 Vimmerby

16 *Ein Kindertraum – zu Besuch in Astrid Lindgrens Zuhause*

Information

■ Vimmerby turistbyrå, Rådhuset 1, 59837 Vimmerby, Tel. 0492/310 10, www.vimmerby.com

Im beschaulichen Vimmerby (8000 Einw.) dreht sich alles um Astrid Lindgren. Der Geburtsort der Kinderbuch-

Vimmerby: Hier kann man in die Welt von Pippi Langstrumpf eintauchen

autorin ist Pilgerziel von Fans aus der ganzen Welt.

Sehenswert

Astrid Lindgrens Näs

| Museumshaus |

Auf dem Bauernhof Näs ist Astrid Lindgren aufgewachsen. Hier kann man ihr Elternhaus besichtigen und sich im Ausstellungspavillon über das Leben der berühmten Schriftstellerin informieren. Lohnend ist auch ein Spaziergang durch die 2016 fertiggestellte Gartenanlage.

■ Prästgårdsgatan 24, www.astridlindgrensnas.se/de, Mitte–Ende April Fr–So 11–16, Mai–Sept. tgl. 10–18, Okt.–Mitte Dez. Mi–So 11–16 Uhr, 200 SEK

Astrid Lindgrens Värld

| Erlebnispark |

In dem Erlebnispark kann man Pippi Langstrumpf in der Villa Kunterbunt besuchen und sich Ronja Räubertochters Burg auf dem Mattisberg ansehen. Man begrüßt die Kinder von Bullerbü und marschiert zum Kattulthof von Michel aus Lönneberga. Schauspieler spielen einzelne Szenen aus den beliebtesten Büchern Astrid Lindgrens nach.

■ Fabriksgatan, Tel. 0492/798 00, www.astridlindgrensvarld.se/de, Mitte Mai–Aug. tgl. 10–17, Sept. Sa, So 10–17 Uhr, 405 SEK, bis 14 J. 295 SEK, Nebensaison günstiger

Gefällt Ihnen das?

Die ganze Familie liebt die Figuren von Astrid Lindgren? Dann lohnt sich der Besuch des Kindermuseums **Junibacken** in Stockholm (S. 67) und des Fischerdorfes **Fjällbacka** (S. 126) nördlich von Göteborg, wo Teile des Films »Ronja Räubertochter« gedreht wurden.

Übernachten

Praktisch und gemütlich – das ist bei schwedischen Unterkünften kein Widerspruch. Wer mit kleinen Pippi-Langstrumpf-Fans Astrid Lindgrens Värld in Vimmerby besucht, kann gleich nebenan in bunten Häuschen ein familienfreundliches Quartier beziehen. Und wer bisher dachte, dass man in einem Baumhaus auf Komfort verzichten muss, wird bei Anne-Charlotte Ottoson nahe Falköping eines Besseren belehrt: Abenteuer mit Luxusflair – auch das ist Schweden.

Göteborg 116

€ | **5:ans** Familiäres B&B mit Garten in einem ruhigen Wohngebiet, wenige Gehminuten vom Vergnügungspark Liseberg entfernt. Im typischen Schwedenstil eingerichtete Zimmer, alle mit Gemeinschaftsbad. ■ Santessonsgatan 13, 41266 Göteborg, Tel. 031/335 80 00, www.5ans.se

€€ | **Hotel Royal** Familiengeführtes Traditionshotel im Herzen Göteborgs, sowohl Einzel- als auch Doppelzimmer in drei Preiskategorien – alle mit britischem Charme frisch herausgeputzt. ■ Drottningsgatan 67, 41107 Göteborg, Tel. 031/700 11 70, www.hotel-royal.com

Varberg 122

€ | **Apelviken Längenhetshotell** Die familiäre Ferienanlage im Grünen hat Ferienhäuschen und schlichte Appartements zur Wahl, die man auch nur tageweise mieten kann. ■ Sanatorievägen 4, 43253 Varberg, Tel. 0340/64 13 00, www.apelviken.se

Trollhättan 125

€ | **Hotel Bele** Vier Frauen führen das bodenständige Hotel, die Zimmer haben keinen großen Charme, aber das Gesamtpaket mit gutem Frühstück. Der Service stimmt. ■ Kungsgatan 37, 46130 Trollhättan, Tel. 0520/125 30, www.hotellbele.se

Kungshamn, bei Smögen 125

€€ | **Hotell Fisketången** Sympathisches Haus direkt am Meer am Ortsrand von Kungshamn, schlichte, aber angenehme Zimmer. Die Gäste können angeln und ihren Fisch auch selbst im Garten grillen. ■ Tångenvägen 45, 456 32 Kungshamn, Tel. 0523/302 00, www.hotellfisketangen.se

Karlstad 128

€€ | **Clarion Collection Hotel Drott** Gegenüber dem Hauptbahnhof, gepflegtes Hotel mit schönen Zimmern, Gäste können Sauna und Whirlpool gratis benutzen, ebenfalls inbegriffen sind Frühstücks- und Abendbuffet. ■ Järnvägsgatan 1, 65225 Karlstad, Tel. 054/10 10 10, www.drotthotel.se

Örebro 129

€ | **Good Morning Örebro** Die Alternative für den preisbewussten Reisenden. Kein Luxus, aber ausreichend, sehr nett geführt, am Ortsrand direkt an der E18 gelegen. Zum Strand sind es zu Fuß nur wenige Minuten. ■ Stenbackevägen 2, 70226 Örebro, Tel. 019/ 17 07 07, good-morning-orebro-hotel.hotel-ds.com

Lidköping 130

€€ | Hotell Läckö Altstadthaus in zentraler Lage. Die Zimmer sind liebevoll mit Pomp und Plüsch eingerichtet, das Frühstücksbuffet ist wirklich ausgezeichnet. ■ Gamla Stadens Torg 5, 53132 Lidköping, Tel. 0510/230 00, www.hotellacko.se

Jönköping 131

€€ | Scandic Portalen Schön zentral gelegen, es gibt Zimmer in verschiedenen Größen und Preiskategorien. So schick und trendy gestylt wie Lobby und Bar sind die Zimmer aber nicht. ■ Barnarpsgatan 6, 55116 Jönköping, Tel. 036/ 585 42 00, www.scandichotels.de

Vadstena 133

€€–€€€ | Starby Hotell Alte Villa mit Park, solide Mittelklassezimmer, Wellness, freundlicher Service. Etwa 1 km vom Zentrum entfernt. ■ Ödeshögsvägen 2, 59240 Vadstena, Tel. 0143/ 751 00, www.starbyhotell.se

Linköping 134

€€–€€€ | Elite Stora Hotellet Eines der ältesten Stadthotels im Lande, außen Empire-Stil, innen zeitgemäßes Design und Ausstattung, exzellentes Restaurant. ■ Stora Torget 9, 58219 Linköping, Tel. 013/12 96 30, www.elite.se

Vimmerby 134

€€ | Astrid Lindgrens Värld Bunte Holzhäuser beim Themenpark. Auf 16 m² ein Doppelbett und zwei Stockbetten (im separaten Raum), Bad und Küchenzeile. ■ Fabriksgatan, 59840 Vimmerby, Tel. 0492/798 00, www.astridlindgrensvarld.se/de

ADAC Das besondere Hotel

Trädhushotell Islanna Bei Anne-Charlotte Ottoson kann man luxuriös in zwei Baumhäusern übernachten. Sie liegen auf halbem Weg zwischen Lidköping und Jönköping, 12 km westlich von Falköping. Die Baumhäuser sehen aus wie andere Holzhäuschen in Schweden: rot bzw. gelb angemalt mit weißen Fensterrahmen. Wie zu Großmutters Zeiten steht das Wasser in einer Porzellanschüssel bereit. Morgens bekommt man das Frühstück per Körbchen.
€€€ | Ugglum Islanna, 52194 Falköping, Tel. 0730/ 62 33 19, www.islanna.com

Schwedens Herzland

Unterwegs zu Elchen und Holzpferden in der beliebten Ferienregion Dalarna, dem eigentlichen Herzland Schwedens

Für viele Schweden ist die Provinz Dalarna das Herzland. Die Region um den Siljansee lockte schon zu Beginn des 20. Jh. in der Zeit der Nationalromantik Künstler an. Sie suchten hier Abstand von den Städten und der Enge des bürgerlichen Lebens und ließen sich in und von der Natur inspirieren. Auch heute noch ist Dalarna für viele ein Sehnsuchtsziel; nicht umsonst gehört die Region um den Siljansee zu den beliebtesten Ferienregionen des Landes. Sehenswert sind die gemütlichen Städtchen am Ufer des Siljansees – Mora und Rättvik, aber auch Nusnäs, wo man bei der Produktion der berühmten Holzpferde »Dalahästar« zusehen kann. In Falun ist der Besuch der zum Weltkulturerbe gehörenden Erzgrube ein Muss. Wer die Wanderschuhe schnüren will, findet in der Gegend um Idre unzählige Möglichkeiten. Das Wegenetz ist ausgezeichnet. Ambitionierte machen sich von Grövelsjön aus auf den langen Weg ins lappländische Abisko. Das dauert allerdings einige Wochen. Wer das schafft, darf sogar eine Plakette mit seinem Namen vor der Fjällstuga in Grövelsjön anbringen.

Mit etwas Glück läuft Besuchern in der Gegend um Idre ein Rentier über den Weg. Denn nirgendwo in Schweden leben so viele Tiere dieser größten Hirschart Europas wie in Dalarna.

Auch entlang der Küste, in den Provinzen Gästrikland und Hälsingland, gibt es einiges zu sehen. Die Städte Gävle und Hudiksvall bieten sich für einen entspannten Zwischenstopp auf der Reise in den Norden an. Unentdeckte Perlen sind die Seen Norrdellen und Sördellen, die als Resultate eines Meteoriteneinschlags in grauer Vorzeit nur wenige Kilometer von Hudiksvall entfernt im Landesinneren liegen.

In diesem Kapitel:

ADAC Top Tipps:

7 **Siljan**
| See |
Für viele Reisende ist dies der schönste See Schwedens. Die Orte am Ufer, darunter Rättvik, Nusnäs und Mora, haben eine Menge Kultur, Kunsthandwerk und Atmosphäre, aber auch zahlreiche Möglichkeiten für sportliche Aktivitäten zu bieten. 142

ADAC Empfehlungen:

17 **Falu Gruva, Falun**
| Industriedenkmal |
Bereits 1288 wurde die Erzgrube von Falun urkundlich erwähnt. Im 15. und 16. Jh. kam der Großteil der Welterzproduktion von hier. 141

18 **Grövelsjön, Idre**
| Gebirgssee |
Der malerische Bergsee, dessen Nordspitze nach Norwegen hineinragt, ist Ausgangspunkt vieler Wanderrouten. Urlauber erfreuen sich auch am klaren Wasser und an den Stränden. 144

19 **Sonfjällets nationalpark, bei Sveg**
| Nationalpark |
Hier lebt Schwedens südlichste Bärenpopulation. Das isolierte Bergmassiv mit fünf Gipfeln ist auch ein ideales Wanderrevier. 146

31 Gävle

Älteste Stadt Mittelschwedens mit pittoresken Holzhäusern

Information

■ Visit Gävle, Södra Skeppsbron 15, 80284 Gävle, Tel. 026/17 71 17, www.visitgavle.se

Gävle, die lebhafte Hauptstadt des Bezirks Gästrikland, liegt an der Mündung des Gavleån, der hier – 170 km nördlich von Stockholm – in den Bottnischen Meerbusen fließt. Ab dem 15. Jh. entwickelte sich die kleine Siedlung dank ihres Ostseehafens zu einem prosperierenden Handelsplatz. Heute sind Papierindustrie und Werft wichtige Arbeitgeber in der 90 000-Einwohner-Stadt. Dass man ihr das Alter kaum ansieht, liegt an den vielen Großbränden. Zuletzt zerstörte ein Feuer 1869 das Zentrum nördlich des Flusses. Beim Wiederaufbau legte man ein rechtwinkeliges Straßenraster an und breite Promenaden, wie Norra Rådmansgatan und Norra Kungsgatan. Das Flair von einst hat sich der historische Stadtteil Gamla Gefle mit seinen Holzhäusern aus dem 17. Jh. und Kunsthandwerker-Ateliers bewahrt.

Sehenswert

Gävle slott

| Schloss |

Im 16. Jh. errichtet und im 18. Jh. umgebaut, war das Schloss einst die nördlichste Festung der Vasa-Könige. Heute hat hier die Regionalverwaltung ihren Sitz. Öffentlich zugänglich ist lediglich die kleine Parkanlage.

■ Södra Kansligatan 2

Joe Hill-gården

| Museumshaus |

Im Altstadtviertel Gamla Gefle befindet sich das Geburtshaus von Joe Hill, das heute ein Museum ist. Der in die USA ausgewanderte Arbeiter und Ge-

Schon seit dem 11. Jh. gewinnt man in Falun Kupfer

ADAC Wussten Sie schon?

»Faluröd« heißt die Farbe, mit der die Schweden ihre Holzhäuser am liebsten anstreichen. Erfunden wurde das dunkle Rostrot in Falun, der alten Bergwerkstadt. Die Schlämmfarbe war ein Nebenprodukt der Kupfererzeugung.

werkschaftsaktivist Joseph Hillström (1879–1915) wurde zu Unrecht wegen Mordes verurteilt und hingerichtet und eine Legende im Kampf gegen Unterdrückung.

■ Nedre Bergsgatan 28, Sa 12–16 Uhr, Eintritt frei

Sveriges Järnvägsmuseum

| Eisenbahnmuseum |

Mit einer einzigartigen Sammlung von historischen Loks, Uniformen und vielen anderen Devotionalien dokumentiert das Museum im ehemaligen Heizhaus der Ostkustbana 150 Jahre Eisenbahngeschichte.

■ Rälsgatan 1, www.jarnvagsmuseet.se, derzeit wegen Renovierung geschl.

32 Falun

Einst größte Kupfermine der Welt, heute Unesco-Welterbe

Information

■ Falun Tourist Center, Tel. 0771/62 62 62, www.visitdalarna.se

Wegen seiner riesigen Kupfererzvorkommen war Falun jahrhundertelang von größter wirtschaftlicher Bedeutung, im 17. Jh. sogar die nach Stockholm zweitgrößte Stadt des Landes. Rund 1200 Arbeiter schufteten unter unsäglichen Bedingungen in der größten Kupfermine der Welt. Heute gehört das stillgelegte Bergwerk zum Unesco-Welterbe und aus den alten, rußigen Arbeitersiedlungen sind mustergültige Wohngebiete geworden.

Sehenswert

Falu Gruva

| Industriedenkmal |

17 *Faszinierende Grubentour tief unter der Erde*

Gold, Silber und Kupfer wurden einst im Bergwerk von Falun abgebaut. Über Bergwerktechnik, Arbeitsbedingungen und Grubenunglücke informiert das spannende Museum. Bei geführten Touren können Besucher auch in den Stollen einfahren.

■ Gruvplatsen 1, Tel. 023/78 20 30, www.falugruva.se, Besucherzentrum und Museum Mai–Mitte Juni u. Mitte Aug.–Ende Sept. Mo–Fr 10–16, Sa, So 10–15 Uhr, Okt.–April s. Webseite, Museum mit Bergwerksführung 220 SEK

In der Umgebung

Carl Larsson-Gården

| Museum |

Rund 4 km nordöstlich von Falun, im hübschen Sundborn am Tofta-See, lebte um 1900 der schwedische Maler Carl Larsson mit seiner Frau Karin. In Sachen Einrichtung waren die beiden Künstler Trendsetter, sie pflegten einen hellen, luftig-leichten Stil, der heute als typisch schwedisch gilt.

■ Carl Larssons väg 12, Sundborn, Tel. 023/ 600 53, www.carllarsson.se, Besichtigung nur mit Führung Mai–Sept. tgl. 10–17 Uhr, Okt.–April nur eine Führung tgl. (Mo–Fr 11, Sa, So 13 Uhr), 240 SEK

33 Siljan

7 *Der Lieblingssee der Schweden liegt im Herzen von Dalarna*

Information

■ Mora Tourist Center, Köpmannagatan 3 A, 79230 Mora, Tel. 0248/797200, www.visitdalarna.se

Der Siljansee ist das Herz der mittelschwedischen Provinz Dalarna. Mit ihren sanften Hügeln, Wäldern, saftig grünen Wiesen und blumengeschmückten Holzhäusern erinnert die Landschaft an das deutsche Voralpenland. See und Umgebung gehören zu den liebsten Ferienzielen der Schweden. Wer hier Urlaub macht, schätzt Ruhe und Aktivitäten wie Angeln, Wandern, Radeln und natürlich Baden. Ausgelassen geht es in den Mittsommernächten zu. Für die Feste mit Trachten, Musik und Tanz sind die Orte rund um den See berühmt. Etliche Maler, Kunsthandwerker und Schriftsteller wohnen am See.

Sehenswert

Naturum Dalarna

| Naturparkzentrum |

Der knapp 40 km lange und bis zu 25 km breite Siljansee ist vor rund 360 Mio. Jahren durch den Einschlag eines riesigen Meteoriten entstanden. Fakten zur Entstehungsgeschichte vermittelt das Naturum Dalarna auf dem Gipfel des Björkbergets (toller Panoramablick!).

■ Buffils Annas väg 36, Siljansnäs, www.naturumdalarna.se, April Fr–So 10–16, Mai, Juni, 2. Hälfte Aug. tgl. 10–16, Juli–Mitte Aug. 10–18, Sept. Mi–So 10–16 Uhr, Eintritt frei

Rättviks Gammelgård

| Freilichtmuseum |

Rättviks Gammelgård, das Freilichtmuseum, gibt eine Vorstellung vom bäuerlichen Leben längst vergangener Tage. Sehenswert ist auch die alte Kirche (13. Jh.), die nicht auf dem Museumsgelände, sondern außerhalb des Ortes auf einer Landzunge steht. Rättvik ist einer der Hauptorte am See und liegt am östlichen Ufer.

■ Sjurbergsvägen 3, Rättvik, im Sommer tgl. geöffnet, Eintritt frei

Nusnäs

| Holzschnitzerdorf |

In den Holzschnitzereien des kleinen Ortes werden die beliebten »Dalahästar« hergestellt: Die bunt bemalten Holzpferdchen gibt es in allen Größen. Im 18. Jh. eroberten sie die schwedischen Kinderstuben, heute reisen sie als Lieblingsmitbringsel der Schwedenfans in alle Welt. Neben den traditionellen »Dalahästar« werden in Nusnäs auch allerhand nützliche Kleinigkeiten verkauft, z. B. Geschirrtücher, Tischdecken und Topflappen – natürlich mit Pferdchenmotiv.

Mora

| Ferienort |

Mora am nördlichen Ufer ist neben Rättvik die zweite Ferienhochburg am

ADAC Mobil

Den beliebten Ferienort Mora am Siljansee kann man im Sommer auch bequem mit der »Inlandsbanan«, der nostalgischen Eisenbahn, erreichen, z. B. ab Östersund in 7 Stunden.
www.inlandsbanan.se

Der Siljansee entstand durch einen Meteoriteneinschlag vor 360 Mio. Jahren

Siljansee, mit Seepromenade und einer kleinen City mit Geschäften, Kneipen und Cafés. Sehenswert in Mora sind das Anwesen (heute ein Museum mit hübschem Café) des Malers, Grafikers und Bildhauers Anders Zorn (1860–1920) und das Vasaloppets Hus, ein dem längsten Skilanglauf der Welt gewidmetes Museum. Historischer Hintergrund des Laufs war Gustav Vasas Flucht auf Skiern vor den Soldaten des dänischen Königs.

■ Zornmuseet: Vasagatan 36, www.zorn.se, Juni–Anf. Sept. tgl. 9.30–16, sonst Di–So 11–17 Uhr, 100 SEK

■ Vasaloppets Hus: Vasagatan 30, Mo–Mi, Fr 8–12, 13–16, Do bis 15 Uhr, Eintritt frei

Einkaufen

Mora Hemslöjdsbutik In diesem gemütlichen Laden verkaufen mehrere Handwerkerinnen ihre wunderschönen Waren – Gestricktes, Gewebtes und Genähtes mit modernen und traditionellen Designs, auch Keramik und original Dalarna-Trachten aus zweiter Hand. ■ Kyrkogatan 4, Mora, www.morahemslojd.se, Mo–Fr 10–18, Sa 10–15 Uhr

Grannas A Olsson Hemslöjd AB Eine bekannte Werkstatt in Nusnäs mit angeschlossenem Laden und voller »Dalahästar«-Pferdchen. ■ Edåkersvägen 24, Nusnäs, www.grannas.com, Mitte Juni–Mitte Aug. Mo–Fr 9–18, Sa, So bis 16, sonst Mo–Fr 9–16, Sa nur Shop 10–13 Uhr und kein Werkstattbesuch

Bühne

Dalhalla 7 km nördlich von Rättvik ist ein stillgelegter Steinbruch heute eine fantastische Kulisse für sommerliche Konzerte und Opernabende. ■ www.dalhalla.se

34 Orsa

Der Ort ist ein ideales Basislager für Outdoorsport, sommers wie winters

Information

■ Visit Orsa, www.visitdalarna.se/orsa

Nördlich des Siljansees erstreckt sich der 56 km² große, bis zu 90 m tiefe Orsasee mit dem Hauptort Orsa. Vor der Kirche erinnert ein Denkmal an Erik Wigman, der seine schwedische Heimat verließ und in den USA das legendäre Busunternehmen »Greyhound« gründete.

Sehenswert

Orsa Rovdjurspark

| Tiergehege |

Braun- und Eisbären, Schneeleoparden, Amur-Tiger, Luchse und andere Raubtiere kann man hier in (fast) natürlicher Umgebung beobachten. Am nächsten kommt man ihnen bei geführten Touren.

■ Björnparksvägen, www.orsarovdjurspark.se, Mitte April–Mitte Okt. 10–15, im Hochsommer bis 17 Uhr, 270 SEK (günstiger in der Nebensaison)

Sport

Orsa Grönklitt Hier finden Outdoorfans die perfekte Infrastruktur fürs Schwimmen, Kanufahren, Wandern, Mountainbiken oder für eine Elch-Safari. Im Winter locken 14 Lifte, 23 gespurte Loipen, Snowmobil- und Hundeschlittentouren; das berühmte Cross-Country-Skirennen, der Vasalauf, führt ebenfalls durch Orsa Grönklitt. Übernachtungsmöglichkeit bieten ein Hostel, Hütten und Ferienwohnungen, Stellplätze für Camper. ■ Gästcenter, Tel. 0250/46212, www.orsagronklitt.se

35 Idre

Unterwegs im südlichsten Rentiergebiet Schwedens

Information

■ Idre turistbyrå, Framgårdsvägen 1, 79091 Idre, Tel. 0253/598200, www.visitdalarna.se

Idre ist das Zentrum der Fjäll-Region nahe der norwegischen Grenze. Schon der Naturforscher Carl von Linné war angetan von dieser Gegend, in der die Berge bis zu 1200 m hoch aufragen und den malerischen See Grövelsjön einrahmen. Da die Baumgrenze bei 800 m liegt, genießen Wanderer in dieser Region in baumlosen Höhenlagen fantastischen Weitblick. Durch die Fjäll-Region, das südlichste Rentierweideland in Schweden, führen gut markierte Wanderwege.

Sehenswert

Grövelsjön

| Gebirgssee |

18 *Die Gegend um den Bergsee ist ein Paradies für Naturfreunde*

30 km nördlich von Idre liegt die ganzjährig geöffnete Grövelsjön Fjällstation, Ausgangspunkt für Wanderungen zum See und drumherum. Zur Station gehören ein Aussichtsrestaurant und ein Geschäft, in dem man sich bestens mit Wanderkarten und Outdoor-Bedarf eindecken kann. Der See lockt an seinem Südende mit schönen sandigen Badestränden. Die Betreiber des see-

Im Blickpunkt

Wandern zum Njupeskär-Wasserfall

Die Anfahrt zum Fulufjället nationalpark ab Idre erfolgt über die Straße 70 (Särnavägen) nach Älvdalen zum Besucherzentrum (mit Parkplatz), das der offizielle Eingang zum ganzjährig zugänglichen Nationalpark ist. Die Wanderung zum Njupeskär-Wasserfall führt zunächst auf einem breiten Holzweg, der sich auch mit dem Rollstuhl bewältigen lässt, über ein artenreich besiedeltes Moorgebiet. Nach etwa 1,5 km endet die barrierefreie Strecke, nach 3 km ist der Njupeskär erreicht. Wer sich den faszinierenden Wasserfall auch von oben ansehen will, kann eine Schleife wandern. Die Strecke führt über ein Felsenplateau und erfordert Trittsicherheit. Für Hin- und Rückweg sollte man etwa 3 Std., für die Höhenrunde über den Wasserfall weitere 2,5 Std. einplanen.

nahen Campingplatzes Sjöstugan haben auch einen Kanu-Verleih (www.sjostugan.se).

■ Fjällstation, Grövelsjövägen 495, Tel. 0253/59 68 80

Fulufjället nationalpark

| Nationalpark |

Knapp 50 km südlich von Idre ist ein herrliches Stück Natur als Nationalpark geschützt. Besuchermagnet des Parks ist der Njupeskär, mit 97 m Schwedens höchster Wasserfall.

■ Besucherzentrum Njupeskär mit Restaurant und Multimedia-Infozentrum, Älvdalen, 25 km westlich von Särna, Tel. 0253/170 75, Juni, Sept. tgl. 10–17, Juli, Aug. 9–18 Uhr, geführte Touren finden Mi, Do, Fr 10 und 13 Uhr statt, 200 SEK

36 Sveg

Das Tor zur dünn besiedelten Gebirgsregion Härjedalen

Information

■ Sveg turistbyrå, Ljusnegatan 1 (im Folkets Hus), 84232 Sveg, visitsveg.com

Die kleine Ortschaft Sveg ist ein Verkehrsknotenpunkt mit Bahnhof und sogar Flughafen – und Hauptort der wald- und wasserreichen Bergwelt Härjedalens. Dies ist ein Dorado für Wanderer, Angler und Kanuten und die Gegend hat mit erstklassigen Loipen und Pisten auch Wintersportlern viel zu bieten.

In Sveg erinnert das Kulturzentrum, gleich neben dem Folkets Hus, in dem die Touristeninformation untergebracht ist, an den Schriftsteller und Krimi-Autor Henning Mankell, der in Sveg aufgewachsen ist. Auch eine Brücke ist nach dem berühmten Kommissar-Wallander-Erfinder benannt.

Sehenswert

Gammelgården

| Freilichtmuseum |

Rund 30 alte Bauernhäuser aus dem Härjedalen wurden im Zentrum von Sveg wiederaufgebaut. Besucher können hier in den Alltag vergangener Jahrhunderte eintauchen.

■ Jämtlandsgatan 24, jederzeit zugänglich, Eintritt frei

In der Umgebung

Älvros Gamla kyrka

| Kirche |

16 km östlich von Sveg liegt Älvros. Die Kirche aus dem 16. Jh. am Ufer des Norrälven zählt zu den schönsten in ganz Schweden.

■ Älvros 128

Sonfjällets nationalpark

| Nationalpark |

19 *Spektakuläre Natur im einsamen Land der Bären*

Der majestätische Berg Sonfjället gilt als Rückzugsort der Braunbären. Die scheuen Petze bekommt man aber auch hier kaum zu Gesicht. Der Nationalpark liegt rund 80 km nördlich von Sveg, Anfahrt mit dem Auto über Hedeviken, der Beschilderung »Naturinformation Sonfjället« folgen. Von dort führen viele gut markierte Wege durch den Park, Proviant mitbringen! Im Park gibt es keine Gastronomie.

■ www.nationalparksofsweden.se

ADAC Mittendrin

Die Schweden haben ein Faible für betagte amerikanische Straßenkreuzer und cruisen im Sommer mit ihren topgepflegten Cadillacs, Chevrolets, Chryslers, Buicks und Pontiacs durchs Land. Ein großes Familientreffen ist die Summer Week in Hudigsvall (3. Juliwoche), wo sich Hunderte Oldtimer ein Stelldichein geben. Am besten sichert man sich schon gegen Mittag ein Plätzchen in einem der Straßencafés – von dort hat man die Parade der automobilen Schönheiten gut im Blick

www.ghsw.se

37 Hudiksvall

Malerische Hauptstadt der Holzbarone im 18. und 19. Jahrhundert

Information

■ Hudiksvall turistbyrå, Storgatan 31 (Infopoint im Hälsinglands museum), 82430 Hudiksvall, Tel. 0650/19100, www.visitgladahudik.se

Hudiksvall, das angenehme Ostseestädtchen am Hudiksvallsfjärden, wurde im 16. Jh. von den Vasa-Königen gegründet. Lange Zeit prägte hier die Holzindustrie das Wirtschaftsleben. Die Holzbarone aus der waldreichen Umgebung verdienten mit dem Export eine Menge Geld, das sie gern in Hudiksvall ausgaben. Im Zentrum finden sich noch historische Holzhäuser aus dem 18. und 19. Jh.

Sehenswert

Fiskarstan

| Hafen |

Am Hafen liegt der hübsche Stadtteil Fiskarstan mit roten Holzhäusern, die früher von Fischern und Handwerkern bewohnt wurden oder als Speicher und Bootsschuppen dienten. Heute beherbergen sie Kunsthandwerk-Läden, Pubs und Cafés. Hier wird die Bühne aufgebaut, wenn der Ort die Summer Week feiert.

Restaurants

€ | **Brödernas** Take-away, Imbiss oder Restaurant? Egal wie man es bezeichnet: Hier gibt es in perfekter Lage am Wasser sehr gute Hamburger. ■ Hamngatan 6, tgl. 12–22 Uhr

Übernachten

Die Gegend rund um den Siljansee gehört zu den beliebtesten Urlaubsregionen der Schweden. Wer hier zur Hauptreisezeit, also in den Frühsommerwochen, ein Hotelzimmer beziehen möchte, sollte Monate im Voraus buchen. Das Angebot der Unterkünfte ist breit gefächert – von schlicht bis edel.

Gävle 140

€ | Villastadens Pendlarbostad Das Gästeappartement liegt in einer gepflegten Stadtvilla. Die drei Zimmer, die auch einzeln gemietet werden können, sind stylisch möbliert. Bad, Küche und Essdiele stehen Gästen gemeinschaftlich zur Verfügung. Privatparkplatz und Gästefahrräder sind kostenlos. ■ Tegnérvägen 8, 80267 Gävle, Tel. 073/540 63 00, www.pendlarbostad.se

€€–€€€ | Elite Grand Hotel Bestes Haus am Platz. Schick und modern durchgestylte Zimmer in einem historischen Gebäude. Für die Suiten zahlt man Luxuspreise, die Standardzimmer liegen preislich auf Durchschnittsniveau – in den Genuss des prunkvollen Ambientes kommt jeder Gast. ■ Kyrkogatan 28, 80311 Gävle, Tel. 026/400 73 00, www.elite.se

Falun 141

€€ | Clarion Collection Hotel Bergmästaren Haus mit Flair aus den 1930er Jahren. Ruhig, aber zentral im Ort gelegen, innen auf den aktuellen Zeitgeschmack getrimmt. Freundlicher Service und ein kleines Abendessen inklusive. ■ Bergsskolegränd 7, 79130 Falun, Tel. 023/70 17 00, www.nordicchoicehotels.com

Siljan 142

€ | B&B Backlunds Boende i Dalarna Typisch schwedisches Holzhaus mit Veranden, gemütliche Doppel-, Dreibett- und Familienzimmer. ■ Stora vägen 37, 79570 Vikarbyn, Tel. 070/749 35 78, www.vikarbyn.com

€€ | Korstäppans Herrgård Wenige Kilometer südlich von Rättvik, am südlichen Ende des Sees, nostalgisch gestaltete Zimmer in einem schmucken Herrenhaus mit Park, nur wenige hundert Meter zum Seeufer. ■ Hjortnäsvägen 33, 79331 Leksand, Tel. 0247/123 10, www.korstappan.se/en

€€ | Pernilla Wiberg Hotel Großes Sporthotel der ehemaligen Olympiasiegerin. Idealer Ausgangspunkt für Sommer- und Winteraktivitäten. Freundlich eingerichtete Zimmer, die meisten haben einen Panorama-Balkon, gute Gastronomie, Wellnessbereich mit Sauna und Dampfbad. ■ 7 km vom Ort Idre entfernt, Anfahrt siehe Webseite, Tel. 0253/59 30 00, www.pernillawiberghotel.se

€€ | Dalecarlia Hotel&Spa Behagliches Ambiente in einem kleinen Ort direkt am See. Viel Holz und mit schwedischer Leichtigkeit möblierte Zimmer. Spa mit Freiluft-Pool, das Beste ist der tolle Blick über den See. ■ Tällgårdsgattu 20, 79370 Tällberg, Tel. 0247/891 00, www.dalecarlia.se

Mittelschweden

Beeindruckende Natur mit Bergen im Westen und spektakulären Küsten im Osten – perfekt für Aktivreisende

Für manchen Reisenden sind die Provinzen Jämtland und Ångermanland in der Mitte Schwedens nur Durchgangsstrecke auf dem Weg Richtung Lappland. Mit dem Unesco-Weltererbe der Höga Kusten bieten sie jedoch eine der landschaftlich schönsten Gegenden des Landes, mit dem Ångermanälven Schwedens wasserreichsten Fluss und mit dem Storsjö einen sagenumwobenen See. An seinem Ufer liegt auch die beeindruckende Holzkirche von Hackås. Die Freilichtmuseen von Sundsvall und Östersund rücken Regionalgeschichte in den Blick und empfehlen sich mit ein paar ganz besonderen Ausstellungsstücken, etwa Teppichen aus dem 11. Jh. bzw. einem Fabelwesen.

Der mächtige Tännfors bei Åre ist das Ziel vieler Fotografen und Wanderer. Umeå hat sich seit 2014, als es europäische Kulturhauptstadt war, zu einem überregionalen Zentrum entwickelt und lockt mit seinen Museen inzwischen auch Gäste aus dem Ausland an. Außerdem wartet die Stadt – zehntausenden Studenten sei Dank – mit einem regen Nachtleben auf.
Die Berglandschaft rund um Åre lockt im Winter Skifahrer und im Sommer Wanderer an. In Arvidsjaur wiederum wurde der Elchtest erfunden. Hier testen die großen Autohersteller im Winter das Fahrverhalten ihrer neuesten Modelle auf einem zugefrorenen See.

In diesem Kapitel:

ADAC Empfehlungen:

20 Jamtli, Östersund
| Freilichtmuseum |
In Östersund befindet sich eines der schönsten Freilichtmuseen Schwedens, mit einem besonderen Schatz: den Teppichen von Överhogdal, entstanden 1040–1170. 151

21 **Hackås kyrka, bei Östersund**
| Wandmalerei |
Die Holzkirche mit beeindruckender Wandgestaltung liegt am Ufer des Storsjö, südlich von Östersund. 152

22 **Tännfors, bei Åre**
| Wasserfall |
Der 37 m hohe Fall bei Åre fasziniert durch seinen Wasserreichtum in herrlicher Landschaft. 153

23 **Skuleberget, Höga Kusten**
| Aussichtspunkt |
Sensationeller Weitblick von einem nur 293 m hohen Berg und zahlreiche Wandermöglichkeiten. 156

38 Sundsvall

Die Stadt hatte im 19. Jahrhundert die meisten Sägewerke weltweit

Information

■ Sundsvall Turism, Stora Torget, 85230 Sundsvall, Tel. 060/658 58 00, www.visitsundsvall.se

Sundsvall (57 000 Einw.) wurde 1624 gegründet und war in den ersten Jahrhunderten seines Bestehens nicht gerade vom Glück verfolgt. 1721 wurde es im Großen Nordischen Krieg von der russischen Armee zerstört und 1888 legte ein Großbrand alles in Schutt und Asche. Das historische Zentrum, die sogenannte Stenstaden (Steinstadt), entstand danach. Die schmucken Herrschaftshäuser mit imposanten Fassaden wurden von den Holzbaronen der damaligen Zeit erbaut – als architektonische Statussymbole. Im 19. Jh. war Sundsvall die Stadt mit der höchsten Sägewerksdichte der Welt.

Sehenswert

Stora Torget

| Platz |

Mitten auf dem von Herrschaftshäusern gerahmten Platz steht die Statue von König Gustav II. Adolf von 1911. Sehenswert ist vor allem das Hirschkahuset (Torggatan 6–8), erbaut 1890/91. Eine Besonderheit ist die Drachenfigur auf der Windfahne am Mittelturm. Nach dem Stadtbrand von 1888 hatte jeder Angst vor einem neuen Feuer und davor sollte der Drache schützen. Schnell wurde er zu einem Symbol für die ganze Stadt. Heute heißt deswegen z. B. sogar das örtliche Basketballteam, eines der besten im Lande, »Sundsvall Dragons«.

ADAC Wussten Sie schon?

Der **Skvader** ist ein seltenes Tier – eine Mischung aus einem Hasen und einem Vogel. Er lebt in den Wäldern um Sundsvall. So jedenfalls will es die Legende. Als Verwandter der bayerischen Wolpertinger kommt der Skvader allerdings nur in Lügengeschichten und im Jägerlatein vor. Obwohl man ein ausgestopftes Exemplar im Freilichtmuseum Norra Berget bewundern kann, ist er allem Anschein zum Trotz doch nur ein Fabelwesen. Ein Jäger hat die Geschichte vom Skavder in den 1870er-Jahren erfunden, daraufhin hat der Skvader schnell als inoffizielles Symbol Sundsvalls Karriere gemacht.

Kulturmagasinet

| Kulturzentrum |

Besonders stolz ist man in Sundsvall auf das Kulturmagasinet. Vier alte Kornspeicher sind durch eine moderne Glaskonstruktion miteinander verbunden – u. a. sind hier das Stadtmuseum und die Bibliothek untergebracht. Hauptanziehungspunkt im Sundsvall museum ist der Grabfund von Högom. Er stammt von einem Gräberfeld vor den Toren der Stadt. Des Weiteren sind ein mit Silber beschlagenes Schwert, ein Bronzekessel und weitere kleinere Grabbeigaben zu besichtigen.

■ Packhusgatan 4, Tel. 060/19 18 00, www.sundsvall.se/uppleva-och-gora/kultur/kulturmagasinet, Mo–Do 10–19, Fr 10–18, Sa, So 11–16 Uhr, Eintritt frei

Friluftsmuseum Norra Berget

| Freilichtmuseum |

Am Stadtberg liegt das Freilichtmuseum, wo Gebäude aus dem 18. und 19. Jh. eine neue Heimat gefunden haben. Im Handwerksmuseum können Besucher zusehen, wie früher gearbeitet wurde und u. a. einem Schuster über die Schulter schauen. Beim Freilichtmuseum steht ein Aussichtsturm, von dem sich ein ausgezeichneter Blick über die Stadt bietet.

■ Gustaf Adolfsvägen 18 B, Tel. 060/191200, www.norraberget.se, Eintritt frei

39 Östersund

Olympische Winterspiele und ein sagenumwobenes Seeungeheuer

Information

■ Visit Östersund, Rådhusgatan 44, 83182 Östersund, Tel. 063/7011700, www.visitostersund.se

Östersund ist die letzte größere Stadt, die der Reisende auf dem Weg gen Norden erreicht. Die Hauptstadt der Provinz Jämtland hat 50000 Einwohner und wurde bereits mehrfach als »besonders lebenswert« ausgezeichnet. Einen kleinen Weltrekord hält sie außerdem noch: Kein Ort hat sich so oft um die Olympischen Winterspiele beworben – ohne sie je zugesprochen bekommen zu haben.

Sehenswert

Storgatan

| Architektur |

Östersund ist ein gemütliches Städtchen. Große Sehenswürdigkeiten gibt es im Stadtzentrum kaum. Lohnend ist jedoch ein Spaziergang entlang der Storgatan, die wegen ihrer Bebauung mit Häusern aus den 1880er Jahren eine Besonderheit ist. Sehenswert ist auch der Frösöstein, der nördlichste Runenstein der Welt, der ursprünglich auf der Insel Frösö stand, sich heute aber vor dem Gebäude des Provinzparlaments, Landthings, befindet.

Jamtli

| Freilichtmuseum |

20 *Eines der schönsten Freilichtmuseen des Nordens*

Im Norden der Stadt liegt das Freilichtmuseum Jamtli, in dem man Bauernhäuser aus der Region sowie alte Handwerksbetriebe besichtigen kann. Keines der über 60 Häuser stand ursprünglich hier, ein jedes wurde an anderer Stelle ab- und am Stadtrand von Östersund wieder aufgebaut. Eine permanente Ausstellung beschäftigt sich mit der Geschichte der Region. Die kostbarsten Stücke sind die fünf Teppiche von Överhogdal, die kurz nach Ende der Wikingerzeit, entstanden. Im Sommer (Mitte Juni/Ende Aug.) wird das Freilichtmuseum an einigen Tagen von Schauspielern, die sich als Bauern und Händler betätigen, belebt. Besucher können bei der Arbeit helfen.

■ Museiplan, Tel. 063/15010010, www.jamtli.com, Mitte Juni–Ende Aug. tgl. 11–17, sonst Mo geschl. und Mi bis 20.30 Uhr, 120/160 SEK je nach Saison, bis 18 J. frei (auch bei den Sommeraktivitäten)

Frösö

| Insel |

Die Insel Frösö – »Freyas Insel« – ist für die Einwohner von Östersund ein beliebtes Naherholungsgebiet. Vor der Christianisierung war die größte Insel im Storsjön der wichtigste Ort Jämt-

Åre – perfekt für Outdoorsport jeder Art und zu jeder Jahreszeit

lands. Hier lag nämlich die Thingstätte. Die Kirche von Frösö (12. Jh.) war früher ein bedeutender Wallfahrtsort. Auf Frösö befindet sich heute der Flughafen der Stadt. Auf der höchsten Erhebung der Insel steht der Frösötorn, ein Turm, von dessen Aussichtsplattform man einen weiten Blick über den Storsjö und die ihn umgebende Bergwelt hat. Am Fuß des Turms liegt ein beliebtes Ausflugscafé (im Sommer tgl. 11–16 Uhr). Es gibt mehrere Brücken, die auf die Insel führen.

Restaurants

€€–€€€ | Kitchen & Table Die Karte ist klein, aber stimmig, Fisch und Fleisch, aber auch Vegetarisches. Das Ambiente: cool, jung, schnörkellos. ■ Prästgatan 16, Tel. 063/55 60 04, www.kitchenandtable.se/ostersund, Mo–Sa 11.30–14, 17–22 Uhr

Events

Storsjöyran Findet jedes Jahr Ende Juli statt. Bei dem dreitägigen Konzert- und Theaterfestival sind nationale und internationale Spitzenstars zu Gast. ■ www.yran.se

In der Umgebung

Hackås kyrka

| Wandmalerei |

21 *Ein Kleinod im Inneren der schlichten Kirche*

Etwa 40 km südlich von Östersund liegt Hackås. Die dortige Kirche geht bis ins 11. Jh. zurück. Von außen wirkt sie unscheinbar. Die Wandmalereien aus dem 13. Jh. im Inneren sind aber von ausgesuchter Schönheit. Auch der Standort an den Gestaden des Storsjö ist herrlich.

■ Anfahrt über E45, Kyrkvägen, Hackås

40 Åre

Sport das ganze Jahr über: Skifahren im Winter, Mountainbiken im Sommer

Information

■ Åre Turistbyrå, Tel. 0647/163 21, www.visitare.com

Åre (2800 Einw.) liegt am Fuß des 1420 m hohen Berges Åreskutan und gehört zu den ältesten und wichtigsten Skigebieten Schwedens. Im Winter findet man hier trotz großer Bettenkapazitäten ohne lange Vorausbuchung kaum eine Unterkunft. Um auch im Sommer Touristen anzulocken, setzt man auf Trekkingtouristen und vermehrt auf Mountainbiker. Viele Sessellifte sind deswegen inzwischen ganzjährig in Betrieb.

Sehenswert

Gamla kyrka

| Kirche |

Die reich geschmückte alte Kirche von Åre, erbaut im 12. Jh., gehört zu den schönsten Nordschwedens. Eine Besonderheit ist die Holzstatue König Olafs. Ursprünglich war Olafs Kopf – wie es sich gehört – mit einer Krone geschmückt. Nachdem diese verloren gegangen war, hat man sie durch einen Karolinerhut ersetzt und so eine Kuriosität geschaffen. Karolinerhüte waren nämlich erst im 17. und 18. Jh. üblich, also lange nachdem der König verstorben war.

Sport

Areguiderna Egal, ob man die herrliche Umgebung zu Fuß, mit dem Fahrrad, dem Kajak, auf Skiern oder mit dem Snowmobil erkunden möchte – zu jeder Jahreszeit kann man sich hier von Profis durch die herrliche Natur um Åre begleiten lassen. ■ Stationsvägen 14, Tel. 0647/507 00, www.areguiderna.se

In der Umgebung

Tännfors

| Wasserfall |

22 *Einer der mächtigsten Fälle des Landes*

22 km westlich von Åre liegt der 37 m hohe, extrem wasserreiche Wasserfall Tännfors. Hier ergießt sich der See Tannsjön in den tiefer gelegenen See Östra Noren. Der Wasserfall liegt in einem Naturschutzgebiet, das sich auf markierten Wegen gut durchwandern lässt.

■ Anfahrt ab Åre über die E14 Richtung norwegische Grenze

Im Blickpunkt

Das Ungeheuer vom Storsjö

Was für Schottland Loch Ness ist, ist für Schweden der Storsjö. Schon oft wurde auch hier ein Ungeheuer gesehen. Zu Ende des 19. Jh. gründete man sogar eine Aktiengesellschaft, deren einziges Ziel es war, das »Storsjöudjuret« zu finden. Humbug? Zumindest damals sah man das nicht so, denn auch der König war ein Mitglied der »Storsjöungeheuerfanggesellschaft«. Die Geräte, die man für die Jagd auf das Ungeheuer verwendete, sind im Museum von Östersund ausgestellt.

41 Arvidsjaur

Das Tor zu Lappland ist besonders im Winter märchenhaft schön

Information

■ Visit Arvidsjaur, Tel. 0960/175 00, www.visitarvidsjaur.se

Auf den zugefrorenen Seen in der Nähe von Arvidsjaur führen im Winter deutsche Autohersteller ihre Testfahrten durch. Deswegen gibt es in dieser Zeit auch Direktflüge von Frankfurt, Hannover, Stuttgart und München dorthin. Von der guten Verkehrsverbindung wiederum profitiert der aufstrebende Wintertourismus. Mit den Testfahrern kommen auch Urlauber, die an geführten Hundeschlittenfahrten oder Nordlichtsafaris teilnehmen oder mit Langlaufskiern auf eigene Faust auf Tour gehen. Im August lockt das große samische Fest zahlreiche Besucher in die Stadt.

Sehenswert

Lappstaden

| Freilichtmuseum |

Lappstaden, in der Mitte von Arvidsjaur gelegen, ist ein Ort aus etwa 80 Hütten, die im 17. und 18. Jh. von weitgereisten Kirchgängern zum Übernachten genutzt wurden. Da für viele Sami damals die Anreise zum Gottesdienst mehrere Tage dauerte, mussten Schlafmöglichkeiten geschaffen werden. Solche Kirchhütten gab es an vielen Orten, die wenigsten sind aber noch erhalten. Am letzten Augustwochenende werden die Hütten heute noch genutzt, wenn in Arvidsjaur großer Markt ist.

■ Borgargatan, ganzjährig offen, Eintritt frei, geführte Touren schwedisch/englisch Mitte Juni–Mitte Aug. tgl. 18 Uhr, 100 SEK

Gamla Prästgården

| Museum |

Das Heimatmuseum im ehemaligen Pfarrhof befasst sich mit der Kultur der Sami. Es wird u. a. Brot gebacken.

Ein Highlight im Västerbottens museum ist die Sammlung alter Skier

■ Magnus Berlinvägen 24, Tel. 0960/12428, www.hembygdarvidsjaur.se, tgl. 10–16 Uhr, Eintritt frei

In der Umgebung

Silvermuseet

| Museum |

In der 80 km westlich gelegenen Gemeinde Arjeplog ist das Silbermuseum einen Besuch wert. Da die Gewinnung des Edelmetalls in dieser Region eng mit den Sami verbunden ist, zeichnet das Museum auch deren Geschichte nach.

■ Silvermuseet, Torget, Arjeplog, Tel. 0961/14500, www.silvermuseet.se, Mitte Juni–Mitte Aug. tgl. 9–17, Mitte Aug.–Mitte Sept. Mo–Fr. 10–12, 13–16, Sa 10–14, sonst Mo–Fr 12–16, Sa 10–14 Uhr, 80 SEK

42 Umeå

Die Kulturhauptstadt im Norden mit quirliger Kneipenszene

Information

■ Visit Umeå, Tel. 090/161616, www.visit umea.se

Mit ca. 85000 Einwohnern ist Umeå die größte Stadt der Provinz Norrland. Mehr als ein Drittel der Einwohner sind Studenten, die an einer der beiden Universitäten eingeschrieben sind. Umeå ist entsprechend lebhaft, die Restaurant- und Kneipenszene kann es mit manch größerer Stadt aufnehmen. 2014 war Umeå europäische Kulturhauptstadt. Dass sich das Blatt zum Positiven wenden würde, konnte man bei der Gründung 1588 wahrlich nicht vorhersehen. Da lief nämlich alles schief, was schieflaufen konnte, sodass man Umeå wenige Jahre später aufgab. Erst im zweiten Versuch, 1622, klappte es dann mit der Siedlung. Somit gehört Umeå zu den wenigen Städte weltweit, die mit zwei Gründungsjahren aufwarten können.

Sehenswert

Bildmuseet

| Kunstmuseum |

Das Bildmuseet ist bekannt für spannende Wechselausstellungen nationaler und internationaler moderner Kunst, die das ganze Feld von Malerei und Fotografie bis zu Bildhauerei und Videoinstallationen abdecken. Das 2012 erbaute Gebäude wurde für den Mies van der Rohe-Preis nominiert.

■ Östra Strandgatan 30B, www.bildmuseet.umu.se, Mi–So 12–17 Uhr, Eintritt frei

Guitars – the Museum

| Museum |

In dem 2014 gegründeten Museum wird eine der weltgrößten privaten Gitarrensammlungen gezeigt, vor allem EW-Gitarren aus den 1950er und 1960er Jahren, wie die Flying V.

■ Skolgatan 59, Tel. 090/58090, www.guitarsthemuseum.com, Mo–Fr 12–16 Uhr, 150 SEK

Västerbottens museum

| Museum |

Zu dem kulturhistorischen Museum für die Region Västerbotten gehört auch das Freilichtmuseum Gammlia. Im Sommer kann man hier Handwerkern zusehen.

■ Helena Elisabeths väg 3, www.vbm.se, Museum Mitte Juni–Mitte Aug. Di–Fr 10–17, Mi bis 20, Sa, So 11–17 Uhr, Außengelände jederzeit geöffnet, Eintritt frei

Restaurants

€€ | Juliette-Rex Spannende Mischung aus Bistro, Restaurant und Liveclub.
■ Rådhustorget, Tel. 046/90706050, www.rexumea.com/mat-dryck/juliette, nur Di, Fr, Sa geöffnet

€€ | Lottas Krogh Pubatmosphäre und deftige Hausmannskost. Das Bier kommt aus der eigenen Mikrobrauerei.
■ Nygatan 22, Tel. 090/129551, www.lottas.nu, So geschl.

43 Höga Kusten

Die Eiszeitlandschaft ist atemberaubend und ein Weltnaturerbe

Information

■ Höga Kusten turistservice, Tel. 0771/265000, www.hogakusten.com

Höga Kusten – hohe Küste – so nennt man das Gebiet zwischen Skagsudde nördlich von Örnsköldsvik und Veda, dort wo der Ångermanälv in die Ostsee mündet. Der Name kommt daher, weil sich nirgendwo anders auf der Welt das Land nach der letzten Eiszeit so sehr gehoben hat wie hier. Die Unesco hat diese Besonderheit der Natur gewürdigt und die Landschaft der Höga Kusten in die Liste des Weltnaturerbes aufgenommen.

Um die Schönheiten der Höga Kusten zu erleben, fährt man am besten abseits der Hauptstraße durch die kleinen Fischerdörfer – Norfällsviken, Barsta, Bönhamn sind nur einige davon. Die Holzhäuschen am Wasser sind perfekte Fotomotive.

ADAC Wussten Sie schon?

In Umeå sind die Winter lang und dunkel – deswegen kann man hier sogar beim Warten auf den Bus eine **Lichttherapie** machen. Rund 30 Bushaltestellen wurden mit speziellen Lampen ausgestattet, die den Winterblues vertreiben sollen. Wenn der Bus verspätet kommt, ist das also gar nicht so ärgerlich. Eine halbstündige Bestrahlung wird für den optimalen Therapieerfolg empfohlen.

Sehenswert

Skuleberget
| Aussichtspunkt |

23 *Nur ein Hügel, aber trotzdem eine traumhafte Aussicht*

Vom Skuleberget in der Nähe von Docksta genießt man einen herrlichen Blick über die von der Eiszeit geprägte Landschaft der Höga Kusten und blickt hinab aufs Meer mit seiner Inselwelt. Mehrere Wanderwege, Schwedens einziger Klettersteig und eine Seilbahn führen auf den 293 m hohen Gipfel. Ideal für die Gipfelrast ist die Toppstugan (geöffnet Juni–Aug., Sept. nur am Wochenende), wo man sich je nach Wetter hinter Panoramafenstern oder auf der Freiterrasse stärken kann. Weitere Wandermöglichkeiten bietet der nahe Skuleskogen nationalpark. Konditionsstarke Wanderer können sich auf dem 130 km langen Höga Kustenleden auspowern.

Anfahrt ab Docksta auf der E4 Richtung Norden, der Beschilderung nach Frilufts Byn folgen. Dort beginnt ein 2017 eingeweihter Wanderweg. Nach 2,5 km ist der Gipfel erreicht.
■ www.friluftsbyn.se/vandra-hoga-kusten/vandra-skuleberget

Übernachten

Je weiter man in Richtung Norden vordringt, desto schwerer wird es, außerhalb der großen Städte ein Hotel zu finden. Hervorragende Alternativen sind in diesem Teil Schwedens Ferienhäuser und Privatunterkünfte. Auch Ferien auf dem Bauernhof sind hier und da möglich. Wohnmobiltouristen finden zahlreiche Campingplätze oder sie stellen ihr Fahrzeug einfach an einem geeigneten Parkplatz ab. Solange man den Platz so verlässt, wie man ihn vorgefunden hat, wird dies in den meisten Kommunen toleriert.

Sundsvall 150

€€€ | **Hotell Knaust** Das prachtvolle Luxushotel liegt in einem 1888 erbauten Stadtpalast, den seinerzeit ein reicher Holzbaron für sich errichten ließ. Wer hier nicht eincheckt, sollte sich trotzdem in der Lobby die beeindruckende Treppe aus Carraramarmor ansehen. ■ Storgatan 13, 85230 Sundsvall, Tel. 060/608 00 05, www.elite.se/en/hotels/sundsvall/hotel-knaust

Östersund 151

€ | **Hotell Emma** Kleines, preisgünstiges Hotel im Zentrum. Das Personal besticht durch Freundlichkeit, das Frühstücksbuffet durch Qualität und reichhaltige Auswahl. ■ Prästgatan 31, 83131 Östersund, Tel. 063/51 78 40, www.hotelemma.com

Arvidsjaur 154

€€€ | **Skogen** Kürzlich renoviertes Hotel mit schickem Ambiente und viel skandinavischem Charme. Eine schöne Terrasse sorgt für Entspannung an der frischen Luft. ■ Domängatan 9, 93332 Arvidsjaur, Tel. 0960/28 10 00, www.skogenhotell.se

Umeå 155

€ | **Hotell Gamla Fängeslet** Der Name ist Programm. Das einfache Hotel ist im ehemaligen Landesgefängnis (1861–1981) von Västerbotten untergebracht. 2007 hat man das Gebäude zum Hotel mit 23 Ein-, Zwei- und Mehrbettzimmer umgebaut. Toiletten und Duschen sind gemeinschaftlich zu nutzen. ■ Storgatan 62, 90330 Umeå, Tel. 090/10 03 80, www.hotellgf.se

Höga Kusten 156

€€ | **Hotell Höga Kusten** Das Hotel liegt direkt an der 1800 m langen Högakustenbro und bietet einen Panoramablick auf eine der längsten Hängebrücken der Welt. Die Energieversorgung des Hauses geschieht zu 100 % durch Windkraft. ■ Hornöberget, 87294 Sandöverken, Tel. 0613/72 22 70, www.hotellhoga-kusten.se

€€ | **Enaforsholm Fjällgård** Wohnen inmitten der Natur am Fluss Enan und am Fuß der Snashögarna-Berge. Perfekt gelegen zwischen den Skigebieten Duved und Åre. Hotelzimmer und Ferienhäuser. ■ Enaforsholm 289, 83015 Duved, Tel. 0647/730 26, www.enaforsholm.se

Nordschweden mit Lappland

Wunderland der nordischen Natur, wo Sami und Rentiere zu Hause sind und jede Menge Erz in der Erde steckt

Lappland ist überwältigend. Weniger als zwei Menschen leben hier – statistisch gesehen – auf einem Quadratkilometer. Außerhalb der Dörfer und Städtchen kann es lange dauern, bis man auf andere Menschen trifft. Hier hat man die Natur meist für sich allein und deswegen ist der Norden Schwedens auch die richtige Spielwiese für Outdoorfreunde. Auf dem wohl berühmtesten Pfad Schwedens, dem Kungsleden, teilt man allerdings zumindest auf den ersten Etappen den Weg mit vielen Gleichgesinnten.

In Kiruna und auch in Gällivare gibt es große Erzbergwerke, das in Kiruna reicht weit unter die Stadt. Deswegen muss Kiruna in den nächsten Jahren umziehen – Haus für Haus wird abgebaut und an anderer Stelle wieder errichtet. Die meisten Bewohner haben nichts dagegen, leben sie doch alle vom Bergbau. Urlauber können die Bergwerke besuchen – besonders das in Kiruna ist mit seinen gigantischen Ausmaßen beeindruckend.

Der Norden ist die Heimat der Sami. Sie leben sowohl in Norwegen, Finnland und Russland als auch in Schweden. Hauptort der Sami ist Jokkmokk. Hier findet schon seit 1605 jedes Jahr im Februar der große Wintermarkt statt. Dann treffen sich Sami aus ganz Lappland, um Freunde und Verwandte zu sehen, zu singen und zu tanzen – und beim Rentierschlittenrennen die Besten zu küren. Heute ist der Wintermarkt auch ein großes Touristenereignis, zu dem Zehntausende anreisen. Wer »Jokkmokks Marknad« besuchen will, muss sein Bett weit im Voraus buchen.

In diesem Kapitel:

ADAC Top Tipps:

8 Ájtte, Jokkmokk
| Museum |
In diesem Museum in Jokkmokk erfährt man alles über die Kultur und die Geschichte der Sami. 162

9 Abisko
| Ort |
Für Outdoorfans ist hier alles möglich, von einfach bis extrem. Im Winter hat man in Abisko die weltweit besten Chancen, Polarlichter zu sehen. 165

10 Treriksröset, bei Karesuando
| Landschaft |
Wo im hohen Norden Schweden auf Norwegen und Finnland trifft, ist die Berglandschaft spektakulär. 166

ADAC Empfehlungen:

24 Jokkmokks Marknad
| Markt |
Der große, bunte Markt der Sami hat eine lange Tradition. 162

25 LKAB's Visitors Center, Kiruna
| Bergwerk |
Das Bergwerk in Kiruna ist das größte Untertagebergwerk der Welt. 165

44 Luleå

Das Zentrum des Nordens begeistert auch mit seinen Schäreninseln

Information

■ Luleå Tourist Center, Skeppsbrogatan 17, 972 31 Luleå, Tel. 0920/457000 , www.visitlulea.se

Luleå (76 000 Einw.) ist Industrie- und Hafenstadt. Mit über hundert Cafés und Restaurants, Theater und Stadien sorgt sie in der dünn besiedelten Landschaft Norrbottens für Abwechslung. Für Urlauber sind die vorgelagerten Schäreninseln interessant – und Gammelstad, Schwedens größte von 16 erhaltenen Kirchstädten. Diese liegt dort, wo man Luleå ursprünglich angelegt hatte: an der Mündung des Luleälven. Durch die skandinavische Landhebung wurde die Hafeneinfahrt im Lauf der Zeit aber immer problematischer und 1649 verlegten die Bewohner ihren Ort daher an seine heutige Stelle, wo er sich nach dem Bau der Bahnlinie Ende des 19. Jh. zum wichtigsten Erzexporthafen in Nordschweden entwickelte.

Sehenswert

Norrbottens Museum

| Museum |

Archäologische Funde, Fotos und Dokumentarfilme informieren über die 10 000-jährige Kulturgeschichte der Region und über die Geschichte der Sami. Es gibt hier auch ein hübsches Museumscafé und einen Shop.

■ Storgatan 2, Tel. 0920/243502, www.norrbottensmuseum.se, Di–Fr 10–16, Mi bis 20, Sa, So 11–16 Uhr, Eintritt frei

Das alte Kirchdorf Gammelstad gehört heute zum Weltkulturerbe

Gammelstad

| Kirchstadt |

Über 400 Holzhäuschen ducken sich um die Kirche aus dem 15. Jh. Sie dienten Kirchbesuchern als Quartier bei Gottesdiensten und sind heute Unesco-Welterbe. In der Kirche verdient der Antwerpener Schnitzaltar Beachtung. Eins der Häuser ist zu besichtigen.

■ Besucherzentrum, Kyrktorget 1, Gammelstad, www.visitgammelstad.se, Juni–Aug. tgl. 10–18, sonst Mo–Do 12–16, Sa 11–15 Uhr

Restaurants

€–€€ | Bistro Norrland Moderne Küche. Stylisches Ambiente und Meerblick.

■ Norra Strandgatan 3–5, Tel. 0920/523100, www.bistron.se, Mo–Fr 11–13.30, Mo–Do 17–22, Fr–So 16–22.30 Uhr

In der Umgebung

Piteå

| Urlaubsort |

Piteå, 50 km südlich von Luleå, hat ebenfalls eine Kirchstadt zu bieten – hier heißt sie Öjeby Kyrkstad. Piteå ist aber auch für seinen 5 km langen Sandstrand sowie internationale Dragster-Rennen bekannt. Hier verbringen viele Norweger und Schweden ihre Sommerferien.

45 Haparanda

Grenzstädtchen – ins finnische Tornio sind es nur wenige Schritte

Information

■ Haparanda Tornio Tourist Information, Tel. 0922/26200, www.haparanda tornio.com

An der Mündung des Torneälv in die Ostsee liegt links Haparanda, ein Städtchen mit knapp 5000 Einwohnern, und rechts die Stadt Tornio, die heute zu Finnland gehört, aber früher schwedisch war. 1621 von Gustav II. Adolf gegründet war sie seinerzeit die nördlichste Stadt der Welt und, durch Handel schnell reich geworden, die wohlhabendste im Königreich Schweden. 1809 verlor Schweden das heute finnische Gebiet an Russland. Bei Tornio wurde die neue Grenze gezogen. Haparanda, bis dato ein winziges Dorf, profitierte von der neuen Situation als grenznahe Zoll- und Handelsstation. Im Ersten Weltkrieg war Haparanda ein Tor zwischen West und Ost, der Warenverkehr nahm solche Ausmaße an, dass sich Haparandas Post gezwungen sah, eine Waren-Schwebebahn über den Fluss zu bauen.

Heute machen Tornio und Haparanda als Zwillingsstädte gemeinsame Sache. Dass sie nicht nur in unterschiedlichen Ländern, sondern auch in unterschiedlichen Zeitzonen liegen, hat einen drolligen Effekt: Weil Finnland Schweden eine Stunde voraus ist, kann man den Jahreswechsel zweimal feiern. Diese Gelegenheit nehmen nicht nur die Einheimischen war.

Sehenswert

HM Hermansons Handelshus

| Luxusgeschäft |

Das legendäre Handelshaus ging 1832 an den Start und residiert seit 1905 an dieser Adresse. Es ist eines der besterhaltenen Handelshäuser Nordschwedens. Faszinierende Mischung aus Trödel, Antiquitätenladen und Kaufhaus. Auch wer nichts sucht, wird hier fündig.

■ Storgatan 74, Tel. 072/740 28 94

46 Jokkmokk

Die kulturelle Hauptstadt der schwedischen Sami

Information

■ Jokkmokks turistbyrå, Västra Torggatan 11, 96232 Jokkmokk, Tel. 0971/22250, www.destinationjokkmokk.se

Hat man erst den Polarkreis erreicht, ist man auch schon fast in Jokkmokk. Die Gemeinde ist nach Kiruna die flächenmäßig zweitgrößte Schwedens. Auf rund 19000 km² leben nur 6000 Menschen, davon etwa die Hälfte im Städtchen Jokkmokk selbst, das auch das kulturelle Zentrum der schwedischen Sami ist. Der samische Wintermarkt, der schon seit über 400 Jahren abgehalten wird, zieht Besucher aus dem In- und Ausland an.

In der Umgebung von Jokkmokk locken Naturreservate und vier Nationalparks. Sie gehören zum Weltnaturerbe Laponia, dem Kernland Lapplands, mit seiner atemberaubenden, von Bergen, Birken und Nadelgehölzen geprägten Landschaft.

Sehenswert

Ájtte
| Museum |

8 *Ein Muss für alle, die sich für die Kultur der Sami interessieren*

Nirgendwo sonst kann man so viel über die Überlebensstrategien der Sami im herausfordernden Klima Lapplands erfahren, über ihre Religion und Mythen, samische Handwerkskunst, über den Alltag in einer faszinierenden Landschaft und das Leben mit den Rentierherden.

■ Kyrkogatan 3, www.ajtte.com, Mitte Juni–Mitte Aug. tgl. 10–17 Uhr, sonst Di–Fr 10–16, Sa 12–16 Uhr, 100 SEK, bis 16 J. frei

Fjällbotanisk trädgård
| Botanischer Garten |

Karlszepter, Silberwurz, Gletscherhahnenfuß – in der Nähe des Ájtte-Museums wachsen schwedische Gebirgspflanzen dicht an dicht. Besucher erfahren einiges über ihre heilsame Wirkung; Kuchen, Säfte und anderes zur Stärkung gibt's im Gartencafé.

■ Lappstavägen, Ende Mai, Juni Mo–Fr, Juli, Aug. tgl. 11–17 Uhr, Eintritt mit Ájtte-Museums-Ticket

Einkaufen

Jokkmokks Tenn Schmuck aus Gold und Silber in traditionellem und modernem Design. ■ Järnvägsgatan 19, www.jokkmokkstenn.se, Mo–Do 6.30–16, Fr 6.30–13 Uhr

Events

24 **Jokkmokks Marknad** Anfang Februar kommen Sami von Nah und Fern nach Jokkmokk zum großen Wintermarkt, wo auch heute noch die typischen traditionellen farbenfrohen Web- und Strickwaren sowie Rentierfelle angeboten werden. ■ www.jokkmokksmarknad.se

47 Gällivare

Nordlicht, Mitternachtssonne und jede Menge Eisenerz

Information

■ Visit Gellivare Lapland, Tel. 0970/16660, www.gellivarelapland.se

Das Museum Ájtte präsentiert samische Kultur und Geschichte

Gällivare liegt 70 km nördlich des Polarkreises, dort, wo in der Regel spätestens ab November und bis in den Mai hinein eine Schneedecke das Land bedeckt und wo in dunklen Nächten das Nordlicht (»Aurora Borealis«) den Himmel leuchten lässt. Bekannt ist der Ort für Kupfererzvorkommen – die Mine Aitik (www.boliden.com/operations/mines/boliden-aitik) ist Europas größter Kupfererztagebau. Besuchermagnet ist der 823 m hohe Berg Dundret nahe der Stadt. Von seinem Gipfel aus kann man vom 2. Juni bis zum 12. Juli die Mitternachtssonne sehen. Im Winter ist der Dundret ein beliebtes Skigebiet. Auch mit Hunde- und Motorschlitten lässt sich Lapplands Winterwelt erkunden. Dafür und auch für sommerliche Touren durch die Nationalparks Muddus, Sarek, Padjelanta und Stora Sjöfallet bietet sich Gällivare als Ausgangspunkt an.

Sehenswert

Gällivare Museum

| Museum |

Das Heimat- und Kulturgeschichtsmuseum widmet sich den Bevölkerungsgruppen der Gegend: u. a. den Sami, die hier seit Jahrtausenden siedeln, und den Arbeitern, die ab Ende des 19. Jh. kamen. Ein Bereich widmet sich den Mücken, die im Sommer in diesen Gefilden zur Plage werden können.

■ Storgatan 16, Di–Fr 11–15.30 Uhr, Eintritt frei

ADAC Wussten Sie schon?

Nordlichter entstehen, wenn elektrisch geladene Teilchen des Sonnenwinds auf Sauerstoff- und Stickstoffatome in den oberen Schichten der Erdatmosphäre treffen.

Highlight in Kiruna: eine Tour durch das größte Untertagebergwerk der Welt

Gällivare Gamla Kyrka

| Kirche |

Zwischen der Eisenbahnlinie und dem Fluss Vassara steht die Kirche, die der schwedische König 1747 zur Missionierung der Sami erbauen ließ. Sie wird »Ettörekyrka« (Ein-Öre-Kirche) genannt, weil jeder Haushalt in der Stadt während der Bauzeit pro Jahr 1 Öre zur Finanzierung beitragen musste.

■ Industrigatan 4

48 Kiruna

Schwedens nördlichste Stadt hat riesige Erzvorkommen und zieht jetzt um

Information

■ Kiruna Lappland Turistcenter, Lars Janssonsgatan 17 (Folkets Hus), 98131 Kiruna, Tel. 0980/188 80, www.kirunalapland.se

Kiruna (18 000 Einw.) ist die nördlichste Stadt Schwedens. Entstanden ist sie erst zu Beginn des 20. Jh., nachdem die Erzbahn von Luleå in die norwegische Hafenstadt Narvik fertiggestellt war und man begann, die reichen Bodenschätze der Gegend – hochwertiges Magnetit-Eisenerz – abzubauen. Hauptsehenswürdigkeit der Stadt ist denn auch die Besuchermine, Teil des größten Untertagebergwerks der Welt. Über 1 km tief wurde auf der Suche nach Erz inzwischen in den Berg hineingegraben. Das Erdreich unter Kiruna sieht längst aus wie ein Schweizer Käse, Einsturzgefahr droht. Deswegen muss die Stadt umziehen. In den kommenden Jahrzehnten soll sie um 5 km verschoben werden. Dabei werden – so der Plan – die alten Holzhäuser und auch die Holzkirche und das Rathaus am neuen Ort original wiederaufgebaut.

Sehenswert

LKAB's Visitors Center

| Bergwerk |

25 *Zu Besuch im größten Untertagebergwerk der Welt*

In das Bergwerk können Besucher hinabfahren. Auf breiten Straßen geht es über 500 m in die Tiefe zur Besuchermine und zum Minenmuseum.

■ Anmeldung und Start der Touren (auch auf Engl.) beim Turistcenter, Termine unter www.kirunalapland.se (dort: see&do/LKAB's Visitors Center), 410 SEK, bis 15 J. 105 SEK, Mindestalter 6 J.

Erlebnisse

Lapplandbahn Die Fahrt in den norwegischen Erzhafen Narvik (3 Std., einfache Fahrt 200–250 SEK) bietet atemberaubende Panoramen. Auf der rechten Seite des Zuges lässt sich die Landschaft am besten genießen.

49 Abisko

9 *Ausgangspunkt zum großen Outdoorabenteuer*

Information

■ www.visitabisko.com, offizielle Touristeninfo in Kiruna (S. 164)

Bei Abisko von einem Dorf zu sprechen, wäre schon fast eine Übertreibung. Der 195 km nördlich des Polarkreises gelegene Eisenbahnhaltepunkt ist für viele der allerletzte Stopp vor dem großen Abenteuer. Naturfreunde mit Ausdauer und Zeit wandern von hier aus auf dem Kungsleden, dem Königspfad, 425 km durch unberührte Natur Richtung Süden. Wer eine kürzere Wanderung unternehmen will, findet hier ebenso viele Gelegenheiten. Beeindruckend ist außerdem das landschaftliche Wahrzeichen des Ortes: Lapporten (dt. »Lappenpforte«), ein großes Tal, das sich wie ein gewaltiges Tor zwischen zwei Bergen auftut.

ADAC Mittendrin

Eine **Rentierschlittenfahrt** gehört definitiv zu den außergewöhnlichen Abenteuern, die man in der Umgebung von Kiruna erleben kann. Auf einer Tour (ca. 4 Std.) besucht man eine Sami-Familie und erfährt etwas über den Sami-Alltag von heute. Buchung (über das Touristenbüro) mind. 3 Tage im Voraus, 2500 SEK, bis 12 J. 1320 SEK.

Sehenswert

Abisko nationalpark

| Nationalpark |

Direkt am Bahnhof von Abisko beginnt der Nationalpark. Unbedingt empfehlenswert ist die Wanderung am Fluss Abiskojokka entlang zur STF-Hütte am Abiskojaure (ein Tag je Richtung). Vor mächtiger Bergkulisse führt der Weg durch das wasserreiche Abisko-Tal – besonders schön im Sommer, wenn die Almwiesen blühen.

■ www.nationalparksofsweden.se/de/nationalpark-wahlen/abisko-nationalpark

Nuolja

| Bergstation |

Zum 1169 m hohen Hausberg kann man sommers wie winters mit einem Sessellift hinauffahren. Oben angekommen, tut sich ein fantastischer Blick auf – mit dem Torneträsk-See zu

Auf dem Nuolja hat man einen Logenplatz, um Nordlichter zu beobachten

Füßen des Berges. An der Bergstation liegt die Aurora Sky Station, ein geschützter Aussichtsplatz zur Beobachtung von Nordlichtern. Und die kann man hier so häufig sehen wie an keinem anderen Ort der Welt. Da es im weiten Umkreis keine Dörfer oder gar Städte und somit auch keine Lichtverschmutzung gibt, sieht man die Himmelslichter zudem besonders hell.

■ www.auroraskystation.com/en

50 Karesuando

Das winzige Dorf liegt inmitten der lappländischen Einsamkeit

Information

■ Karesuando Turistinformation, Tel. 0981/202 05, www.karesuando.se

Die winzige Gemeinde Karesuando mit knapp 250 Einwohnern liegt etwa 300 km nördlich des Polarkreises an der Grenze zu Finnland. Der Ort selbst bietet dem Besucher wenig, die grandiose Landschaft der Region umso mehr.

Sehenswert

Karesuando kyrka

| Kirche |

Die Kirche wurde 1905 erbaut. Beachtenswert ist im Inneren eine Skulptur des in Schweden sehr berühmten Bildhauers Bror Hjorth. Sie zeigt den Pfarrer Lars Levi Laestadius, der als »Apostel der Sami« gilt. Die Kirche ist rund um die Uhr für Besucher geöffnet.

In der Umgebung

Treriksröset

| Landschaft |

10 *Hier nimmt Schweden ein spektakuläres Ende*

Treriksröset, nördlichster Punkt, an dem Norwegen, Finnland und Schweden aufeinandertreffen, ist gleichzeitig auch einer der schönsten Orte im Land. Man erreicht ihn 110 km nördlich von Karesuando auf der E8 über das finnische Kilpisjärvi. Dort besteigt man ein Boot und nach 8 km Fahrt und einem 3 km langen Fußweg steht man dort, wo die drei nordischen Länder zusammenstoßen. Die Anreise mag umständlich sein, doch der Aufwand lohnt allemal – die Berglandschaft, die sich im Goldajärvi spiegelt, sucht wahrlich ihresgleichen.

■ Das Boot ab Kilpisjärvi verkehrt von Juni bis Ende Sept., drei Abfahrten tgl. um 10, 14, 18 Uhr (Achtung: finnische Zeit, MEZ + 1 Std.), Hin- und Rückfahrt 50 €, www.mallalaiva.com

Übernachten

Außerhalb der bekannteren Orte sind Unterkünfte im hohen Norden Schwedens naturgemäß spärlich gesät. Wen es in diese Breiten zieht, der sucht in der Regel die Herausforderung in der Natur und ist als Selbstversorger mit Zelt, Wohnwagen oder Campingbus unterwegs. Bequem kann man es sich jedoch in den größeren Orten machen, wo Cafés, Restaurants und Einkaufsmöglichkeiten locken – eine willkommene Abwechslung in der Einsamkeit der Landschaft. Die Hotels haben meist einen gehobenen Standard, sie sind auf Touristen und Businessklientel gleichermaßen gut eingestellt.

Luleå 160

€–€€ | Park Hotell Tolle Lage im Zentrum, familiengeführtes, sympathisches Haus, hübsche Zimmer – und in der Gemeinschaftsküche können sich Gäste selbst versorgen. Eine Sauna gibt es auch noch. ■ Kungsgatan 10, 97234 Luleå, Tel. 0920/21 11 49, www.parkhotell.se

€€ | Elite Stadshotellet Das Hotel ist ein Klassiker in zentraler Lage. In einem Altbau von 1903 bietet das Vier-Sterne-Haus schicke, zeitgemäß ausgestattete Zimmer. Restaurant, Bar, Fitnessraum und Gästeparkplatz stehen zur Verfügung. ■ Storgatan 15, 97232 Luleå, Tel. 0920/27 40 00, www. elite.se

Haparanda 161

€€ | Haparanda Stadshotell Schmuckes Altstadthaus im Herzen von Haparanda. Das Ambiente ist vielleicht etwas altbacken, an Komfort und

ADAC Das besondere Hotel

Nur 12 km vom Flughafen Kiruna entfernt liegt das **Icehotel** von Jukkasjärvi. Hier verbringt man bei minus fünf Grad Celsius auf Rentierfellen und dick verpackt in einen Thermoschlafsack eine besondere Nacht – in einem Haus ganz aus Eis. Seit Neuestem kann man dies auch im Sommer tun, durch Solarenergie gekühlt. Wer sich eine ganze Nacht bei Minusgraden nicht vorstellen kann, aber trotzdem ein eisiges Feeling erleben will, trinkt nur etwas an der Icebar.

€€€ | Marknadsvägen 63, 98191 Jukkasjärvi, Tel. 0980/668 00, www.icehotel.com

freundlichem Service mangelt es aber nicht. ■ Torget 7, 95331 Haparanda, Tel. 0922/614 90, www.haparandastads hotell.se

€€–€€€ | Kukkolaforsen 15 km nördlich von Haparanda betreibt die Familie Solander ein Hotel der etwas anderen Art. Gäste wohnen in gemütlichen Holzhäuschen mit Wohn- und Schlafzimmer. Ein reichhaltiges Frühstücksbuffet gibt es im Haupthaus. Entspannen kann man in der wohltuenden Sauna, drumherum lockt herrliche Natur zu diversen Aktivitäten. ■ Kukkolaforsen 184, 95391 Haparanda, Tel. 0922/310 00, www.kukkola forsen.se

Jokkmokk 162

€ | Jokkmokk Åsgård Hostel Vor über hundert Jahren wurde das hübsche rote Holzhaus als Domizil für den Oberförster gebaut, heute bietet es Gästen einfache, aber angenehm ausgestattete Zimmer in naturschöner Umgebung. Den beliebten Ort und die Station der Inlandsbanan erreicht man in wenigen Minuten zu Fuß. ■ Åsgatan 20, 96231 Jokkmokk, Tel. 070/366 46 45, www.swedishtouristassociation.com/facilities/stf-jokkmokk-hostel

€€ | Hotel Akerlund Das Haus liegt zentral im Ort. Das Mittelklassehotel verfügt über einen freundlichen Service und ein gutes Restaurant. ■ Herrevägen1, 962 32 Jokkmokk, Tel. 0971/100 12, hotelakerlund.se

Gällivare 162

€€ | Scandic Gällivare Zeitgemäßer Komfort, stilvolles Ambiente, gutes Frühstück – nur wenige Fußminuten vom Zentrum entfernt. Was braucht man als Hotelgast mehr? ■ Klockljungsvägen 2, 98235 Gällivare, Tel. 0970/162 00, www.scandichotels.de

Kiruna 164

€–€€ | Spis Hotel & Hostel
Ob Komfortzimmer oder ein Stockbett im schlichten Mehrbettzimmer – in diesem sympathischen Haus und Hostel können Gäste beides haben. Das Frühstück ist Spitzenklasse – unbedingt mitbuchen! ■ Bermästaregatan 7, 98133 Kiruna, Tel. 0980/170 00, www.spiskiruna.se

€€ | Bishop Arms Von außen macht das Hotel nicht viel her, im Inneren aber bietet es ansprechende Zimmer im britisch angehauchten Stil, bequeme Betten und kürzlich modernisierte Duschbäder. Sehr gutes Preis-Leistungs-Verhältnis. ■ Föreningsgatan 6, 98131 Kiruna, Tel. 0980/155 00, www.elite.se

€€€ | Camp Ripan Luxus-Unterkunft für Outdoorfans mit schwedischer Behaglichkeit. Es gibt Zimmer und Appartements und einen tollen Wellnessbereich. ■ Campingvägen 5, 98135 Kiruna, Tel. 0980/630 00, www.ripan.se

Karesuando 166

€€–€€€ | Arctic Star Hotel Wirklich nicht überbordend, sondern eher spartanisch-schlicht, aber dennoch modern eingerichtete Zimmer im nordischen Stil. Duschen teils gemeinschaftlich, alle Zimmer mit eigener Toilette und Kochgelegenheit. Es gibt ein Restaurant. Freundliche Atmosphäre. ■ Laestadiusvägen 153, 98016 Karesuando 7, Tel. 09801/203 30, www.arcticstarhotel.com

ADAC Service Schweden

Beim **ADAC Info-Service**, in den **ADAC Geschäftsstellen** sowie auf dem **Internetportal des ADAC** (adac.de) erhalten Sie Informationen zu den Dienstleistungen des Automobilclubs und zu Ihrem Reiseziel. So können Sie sich von der **ADAC Trips App** (adac.de/services/apps/trips) via Smartphone oder Tablet-PC inspirieren lassen oder als **ADAC Mitglied** das kostenlose **ADAC Tourset® Stockholm/Mittelschweden** und **Südschweden** (adac.de/reise-freizeit/reiseplanung/tourset) mit vielen Reiseinfos und Karten anfordern. Bei Pannen und Notfällen steht Ihnen unser Team rund um die Uhr telefonisch und digital (adac.de/hilfe und ADAC Pannenhilfe App) zur Verfügung.

ADAC Info-Service

T 089 558 95 96 97
Infos zu allen ADAC Leistungen
(Mo–Sa 8–20 Uhr gebührenfrei)

ADAC Pannenhilfe Deutschland

T 089 20 20 40 00, Mobil 22 22 22
(Verbindungskosten je nach
Netzbetreiber/Provider)

ADAC Ambulanzdienst

T +49 89 76 76 76
(Erkrankung, Unfall, Verletzung,
Transportfragen, Todesfall)

ADAC Pannenhilfe Ausland

T +49 89 22 22 22
(Verbindungskosten je nach
Netzbetreiber/Provider)

Online-Angebote des ADAC für Ihre Reiseplanung

Service	Webadresse
Reiseinspirationen, -planung und -hinweise	adac.de/reise-freizeit/reiseplanung
Aktuelle Verkehrslage	adac.de/verkehr
Individuelle Routenplanung	adac.de/maps
Infos zu Tankstellen und Spritpreisen	adac.de/tanken
Infos zu mautpflichtigen Strecken	adac.de/mautportal
Infos zu Fährverbindungen	adac.de/faehren
Aktuelle Infos vor Reiseantritt	adac.de/tourmail
Informationen für Camper	adac.de/camping
Informationen für Motorrad- und Oldtimerfahrer	adac.de/reise-freizeit/reisen-motorrad-oldtimer
Informationen für Segler und Skipper	skipper.adac.de
ADAC Reiseangebote	adacreisen.de
ADAC Autovermietung	adac.de/autovermietung
ADAC Versicherungen für den Urlaub	adac.de/versicherungen
Weltweite Preisvorteile für ADAC Mitglieder	adac.de/vorteile-international
Telemedizinische Beratung	adac.de/meinmedical

Diese **Produkte des ADAC** könnten Sie interessieren: **ADAC Reiseführer Stockholm, ADAC Reiseführer Dänemark, ADAC Reiseführer Norwegen** und **ADAC Campingführer Deutschland/Nordeuropa** – erhältlich im Buchhandel, bei den ADAC Geschäftsstellen und in unserem ADAC Online-Shop (adac.de/shop).

Anreise und Einreise

Auto und Autofähre

Mit dem Auto lässt sich der Süden Schwedens über die **Öresundbrücke** zwischen Kopenhagen und Malmö erreichen. Für die Brücke wird eine **Maut** von ca. 55 € pro Pkw oder Wohnmobil samt Insassen (pro Strecke) verlangt, für einen Pkw mit Anhänger fallen doppelt so hohe Gebühren an (www.oresundsbron.com). Wer die Brücke mehr als nur ein- bis zweimal überqueren möchte, spart mit dem »BroPas«. Alternativ bieten sich die **Fähren** an, die von deutschen Ostseehäfen aus Kurs auf Schweden nehmen. Stena Line verbindet mehrmals täglich Rostock mit Trelleborg. Ab Rostock erreichen die Fähren Trelleborg in 6 bis 7,5 Stunden (die Preise für die Hin- und Rückfahrt für Pkw und Insassen beginnen bei 46 €). Die Strecke Rostock–Trelleborg bietet auch TT-Line an, die außerdem Travemünde mit Trelleborg verbindet. Finnlines verkehrt zwischen Travemünde und Malmö. Von Kiel nach Göteborg geht es am bequemsten mit den Schiffen der Stena Line (ab 183 €). Für Reisende nach Dalsland oder zum Vänern bietet sich die Fährverbindung zwischen Kiel und Oslo an, die von Color Line bedient wird.

Für die **Hochsaison** sollten Fährpassagiere auf jeden Fall längere Zeit im Voraus reservieren. Ist zum geplanten Reisetermin nichts mehr frei, bieten vielleicht ab Polen verkehrende Schwedenfähren Ausweichmöglichkeiten an: zwischen Swinemünde und Ystad (Polferries und Unity Line, schnellste Verbindung 6,5 Stunden), zwischen Gdynja und Karlskrona (Stena Line) und zwischen Danzig und Nynäshamn (Polferries).

Bahn und Bus

Die Bahn bietet eine Verbindung ab Hamburg nach Kopenhagen und weiter nach Malmö an. Im **Bahnticket** (bei entsprechender Vorausbuchung ca. 50–70 € in der 2. Klasse) inbegriffen ist die Fährfahrt mit dem Zug über den Fehmarn-Belt zwischen Puttgarden und Rødby. Zwischen Berlin und anderen Städten in Deutschland pendeln inzwischen auch **Fernbusse** (Flixbus und andere Anbieter) nach Malmö – die Fahrzeit wird mit 8,5 Stunden angegeben, Preise ab 30 €. Von anderen Städten in Deutschland bestehen Busverbindungen mit Umstieg. Infos unter www.busliniensuche.de.

Flugzeug

SAS bietet das größte Angebot an Flugverbindungen nach Schweden an, z. B. von Berlin, Leipzig, Düsseldorf, Frankfurt, Hannover, Hamburg oder München nach **Stockholm**. **Göteborg** wird von Hamburg, Hannover, Berlin, Leipzig, Düsseldorf, Frankfurt und München angeflogen. Je nach Reiseziel können auch Verbindungen nach **Kopenhagen** eine sinnvolle Alternative sein, von der dänischen Hauptstadt lässt sich Malmö mit Bahn oder Leihwagen schnell erreichen. Günstige Verbindungen z. B. ab Berlin nach **Stockholm** bieten auch Norwegian Air (www.norwegian.com) und Eurowings (www.eurowings.com) an.

Einreise und Dokumente

Schweden gehört zum **Schengenraum**, was EU-Bürgern das Einreisen ohne Ausweiskontrolle ermöglicht. Trotzdem sollte man einen gültigen Personalausweis oder Pass immer dabei haben. Es empfiehlt sich, vor der Abreise **Fotokopien** von allen Reisedokumenten zu machen und getrennt von den Originalen aufzubewahren. So erspart man sich im Fall von Diebstahl oder Verlust zusätzliche Unannehmlichkeiten und erleichtert die Wiederbeschaffung durch Botschaft oder Konsulate.

Auto und Straßenverkehr

Führerschein und Papiere

Mit einem gültigen deutschen Führerschein darf man auch in Schweden Auto fahren, ein internationaler Führerschein ist nicht notwendig. Fahrer müssen mindestens 18 Jahre alt sein. Die Erlaubnis zum »begleiteten Fahren ab 17« wird in Schweden nicht anerkannt. Die Mitnahme der Internationalen Grünen Versicherungskarte ist nicht vorgeschrieben, ist aber ratsam, weil sie die Schadenabwicklung nach einem Unfall erleichtert (weitere Infos siehe »Unfall« S. 173).

Straßennetz

Schweden hat ein gut ausgebautes Straßennetz. Von Süden bis in den hohen Norden, von Ost nach West – mit dem Auto kann man das Land bequem und in aller Regel ohne Verkehrsstaus durchqueren. Die meisten Straßen können auch mit **Wohnmobilen** und **Wohnwagen** befahren werden. Straßengebühren werden nicht verlangt, allein die Öresundbrücke ist kostenpflichtig. Zudem verlangen Göteborg und Stockholm werktags eine **Citymaut** (weitere Infos im Kapitel).

Verkehrsvorschriften

Grundsätzlich muss in Schweden mit **Abblendlicht** gefahren werden. Alle Insassen, auch auf der Rückbank, müssen angeschnallt sein.

Innerorts ist eine **Geschwindigkeit** von maximal 50 km/h erlaubt, achten Sie aber auf Schilder – denn manche Orte haben das Tempolimit auf 40 km/h gesenkt. Auf Autobahnen ist für Pkw und Motorräder eine Höchstgeschwindigkeit von 110 km/h erlaubt, auf manchen Strecken – aber das ist eher die Ausnahme – dürfen 120 km/h gefahren werden. Für Pkw mit Anhänger und Wohnmobile gilt wie in Deutschland eine Geschwindigkeitsbegrenzung von 80 km/h. Das Tempolimit auf Landstraßen liegt bei 70 km/h, auf Fernstraßen bei 90 km/h. **Radarkontrollen** sind häufig, Verstöße können teuer werden, die Bußgelder in Schweden sind die höchsten innerhalb der EU. Auch in Sachen **Alkohol** sind die Schweden streng, maximal 0,2 ‰ sind zulässig. So ist allenfalls ein kleines Bier drin, wenn man anschließend noch das eigene Fahrzeug führen will; bereits ein Glas Wein genügt, um den Wert zu überschreiten. Wird man erwischt, droht Führerscheinentzug.

Telefonieren am Steuer ist nur mit einer **Freisprechanlage** erlaubt. Von Dezember bis März sind **Winterreifen** Pflicht.

Tempolimits in Schweden

Straße	Tempolimit
Autobahn	110 km/h, auf einigen Strecken 120 km/h
Landstraße	70 km/h
Fernstraße	90 km/h
Innerorts	50 km/h, mancherorts 40 km/h

Verkehrsschilder

Die meisten Verkehrsschilder sehen aus wie in Deutschland, die wenigen

Ausnahmen lassen sich gut deuten. So weist ein Schild mit weißem »M« (»Mötesplatser«) auf blauem Grund auf Gegenverkehr und auf die nächste Ausweichstelle hin. Eine weiße Blume auf braunem Grund ist das Kennzeichen für eine touristische Route. Vielerorts sieht man Elch-Warnschilder, die man durchaus ernst nehmen sollte – Zusammenstöße mit Elchen sind eine häufige Unfallursache auf schwedischen Straßen.

Tanken

An den Tankstellen findet man folgende Kraftstoffbezeichnungen: »Blyfri 95« für Super Benzin, »Blyfri 98« für Super Plus, Erdgas heißt »Ordongas«, Autogas gibt's unter der Bezeichnung »LPG«. Tankstellen sind in der Regel von 7 bis 22 Uhr **geöffnet**, an der Autobahn meist rund um die Uhr – an vielen Tankstellen kann nur mit Kredit- oder EC-Karte bezahlt werden. Wer in Schweden mit dem Auto unterwegs ist, sollte bedenken, dass die **Tankstellendichte** abnimmt, je weiter man nach Norden fährt. Füllen Sie Ihren Tank also rechtzeitig nach! Innerhalb Schwedens kann man bis zu 30 l Kraftstoff im Kanister mitnehmen, bei der Einreise nach Schweden dürfen jedoch lediglich 10 l Benzin zollfrei im Kanister eingeführt werden. Wer mit dem Auto auf die **Fähre** fährt, sollte auf die Reserve verzichten – aus Sicherheitsgründen sind gefüllte Kanister auf den Schiffen der meisten Reedereien nicht erlaubt.

Parken

Ein Parkplatz am Straßenrand ist in den meisten kleineren Ortschaften schnell gefunden. Anders sieht es in **Städten** wie Stockholm oder Göteborg aus. Hier ist das Parken nur in den gekennzeichneten Bereichen erlaubt und in der Regel kostenpflichtig. Die Parkscheine kauft man mit **Kreditkarte** am nächstliegenden Parkscheinautomaten oder per App »Betala P« oder »Easy Park«. Unter den blauen Parkzonenschildern weisen mitunter gelbe Zusatzschilder mit rotem Rand auf bestimmte Tage und Uhrzeiten hin, in denen das Parken nicht erlaubt ist – weil dann die Stadtreinigung im Einsatz ist. Autos, die ihr im Weg stehen, werden kostenpflichtig abgeschleppt.

Unfall

Notrufnummer für Polizei, Feuerwehr und Krankenwagen ist die 112. Den Auslandsnotruf des ADAC erreichen Sie bei Fahrzeugpannen und -unfällen unter Tel. +49/89/22 22 22.

Barrierefreies Reisen

Schweden ist im internationalen Vergleich vorbildlich auf Reisende mit eingeschränkter Mobilität eingestellt. Die meisten **Hotels** und **Restaurants** bieten barrierefreie Zugänge, Zimmer und Toiletten. Eine stetig wachsende Datenbank namens TD (www.t-d.se) listet Restaurants, Hotels und Sehenswürdigkeiten, die für Menschen mit Mobilitätseinschränkungen geeignet sind. Auf dem in mehreren Sprachen abrufbaren Portal sind derzeit ca. 9100 Adressen erfasst.

Öffentliche **Verkehrsmittel** lassen sich auch mit Rollstuhl unproblematisch nutzen. Selbst die **Natur** hat man vielerorts für Menschen mit Behinderung zugänglich gemacht – in den Nationalparks beispielsweise gibt es Wege und Stege, auf denen Rollstuhlfahrer einige Kilometer ins Gelände fahren

können. Auch in den Stockholmer Schären ist man auf Reisende mit Handicap eingestellt.
Viele hilfreiche Tipps fürs barrierefreie Reisen gibt Visit Sweden. Bei Detailfragen hilft auch De Handikappades Riksförbund weiter, Tel. 08/685 80 00, www.dhr.se.

Diplomatische Vertretungen

Die Auslandsvertretungen Ihres Heimatlandes helfen Ihnen, wenn Ihnen wichtige Dokumente verloren gegangen oder gestohlen wurden oder wenn Sie in Schwierigkeiten mit den Behörden Ihres Urlaubslandes Schweden geraten.

Deutschland

■ Skarpögatan 9, Tel. 08/670 15 00, www.stockholm.diplo.de

Österreich

■ Kommandörsgatan 35v, Tel. 08/665 17 70, www.bmeia.gv.at/stockholm

Schweiz

■ Valhallavägen 64, Tel. 08/676 79 00, www.eda.admin.ch/stockholm

Feiertage

1. Januar (Neujahr), 6. Januar (Heilige Drei Könige), Karfreitag und Ostermontag, 1. Mai (Tag der Arbeit), Christi Himmelfahrt (40 Tage nach dem Osterfest), 6. Juni (Schwedischer Nationalfeiertag), Wochenende zwischen dem 19. und 25. Juni (Mittsommer), 1. Samstag im November (Allerheiligen), 24.–26. Dezember (Heiligabend, 1. und 2. Weihnachtsfeiertag), 31. Dezember (Silvester)

Geld und Währung

Wechselkurse

(Stand September 2022)

1 €	10,66 SEK
1 CHF	11,04 SEK
10 SEK	0,94 €
10 SEK	0,90 CHF

Währung ist die Schwedische Krone (SEK), eine Krone entspricht 100 Öre; im Umlauf sind Scheine zu 20, 50, 100, 500 und 1000 sowie Münzen zu 1, 2, 5 und 10 Kronen.

Kreditkarten

Schweden zahlen auch kleinste Beträge häufig mit der Kreditkarte; alle gängigen Kreditkarten werden akzeptiert. Weil z. B. an **Tankautomaten** häufig nur mit Karte gezahlt werden kann und es immer wieder mal vorkommt, dass ein Gerät Schwierigkeiten mit einer bestimmten Karte hat, ist man gut beraten, eine **Zweitkarte** im Urlaubsportemonnaie dabeizuhaben. Es ist durchaus vorstellbar, Schweden komplett ohne Bargeld zu bereisen. Eine Reise ohne Kreditkarte ist dagegen nur unter erschwerten Bedingungen möglich.

Kosten im Urlaub

(durchschnittliches Preisniveau)

Tasse Kaffee	20 SEK (2 €)
Softdrink	50 SEK (5 €)
Bier	70 SEK (7 €)
Glas Wein	90 SEK (9 €)
Hauptgericht im Restaurant	200 SEK (20 €)
Mietwagen pro Tag	ab 40 €
Ferienhaus pro Woche	ab 450 €

Schweden hat den Ruf, ein teures Urlaubsland zu sein, doch so hoch wie vor Jahren sind die **Preisunterschiede** – im Vergleich zu Deutschland – gar nicht mehr, jedenfalls nicht, wenn man Selbstversorger ist und in den Supermärkten einkauft und auf Angebote achtet. Eine Ausnahme gilt für **Alkohol**: Wein und Spirituosen werden nur in den staatlich kontrollierten Geschäften »Systembolaget« verkauft, allerdings auch nicht mehr zu schwindelerregenden Preisen. Wein z. B. kostet, verglichen mit dem deutschen Preisniveau, etwa das Eineinhalbfache. **Essen gehen** in Restaurants ist ebenfalls um einiges kostspieliger als in Deutschland – hier muss man in Schweden etwa 30 bis 40 % mehr veranschlagen.

Geldautomaten

Es gibt auch in kleineren Orten Geldautomaten, an denen sich Urlauber mit Bargeld versorgen können.

Gesundheit

Arzt und Apotheke

Das schwedische Gesundheitssystem ist gut ausgebaut. Bei **akuten Erkrankungen** und **Unfällen** wendet man sich an die Unfallambulanzen der Krankenhäuser (»Akutmottagningen«). In dringenden Fällen wählt man die internationale Notrufnummer 112 (»Notfall« S. 178). Ein Sozialversicherungsabkommen zwischen Schweden und allen EU-Ländern garantiert, dass EU-Bürger zu gleichen Bedingungen wie Schweden behandelt werden. Der **Eigenanteil** für einen Arztbesuch beträgt zwischen 15 und 35 €, für eine ambulante Behandlung im Krankenhaus werden etwa 40 € in Rechnung gestellt, für eine stationäre Behandlung in der Klinik 9 € pro Tag. Für die Abrechnung der Leistungen mit der Krankenkasse ist eine **Europäische Krankenversichertenkarte** nötig. Medikamente sind ausschließlich in **Apotheken** erhältlich, häufig nur gegen Rezept. Die Apotheken sind zu normalen Geschäftszeiten geöffnet. In den größeren Städten gibt es einen 24-Stunden-Service.

Krankenversicherung

Mit der **Europäischen Krankenversicherungskarte** haben gesetzlich versicherte Urlauber aus Deutschland oder Österreich Anspruch auf eine Behandlung im Notfall – sei es bei Ärzten, Zahnärzten oder im Krankenhaus. Die Gebühr muss direkt vor Ort bezahlt werden. Sinnvoll ist es, sich vom behandelnden Arzt eine detaillierte Rechnung ausstellen zu lassen, die zu Hause die Abrechnung mit der Krankenkasse bzw. die Kostenerstattung erleichtert. Schweizer sollten sich vor Reiseantritt bei ihrer Krankenversicherung erkundigen, welche Formalitäten beim Arztbesuch in Schweden einzuhalten sind. In jedem Fall empfehlenswert ist der Abschluss einer **Auslandskrankenversicherung**. Die kostet in der Regel nur wenige Euro im Jahr und zahlt sich aus, wenn Gebühren für notwendige Behandlungen im Urlaubsland höher liegen als die Sätze, die von deutschen Krankenkasse erstattet werden. Die Zusatzversicherung gleicht auch die Differenzbeträge aus.

Wasserqualität

Das Leitungswasser ist von guter Qualität und kann bedenkenlos getrunken werden.

Festivals und Events

Februar

Joomokks Marknad (Anfang Februar, Jokkmokk, www.jokkmokksmarknad.se) – Seit 1605 halten die Sami ihren großen Wintermarkt ab. Besucher können sich dabei nicht nur an bunten Strick- und Webwaren, sondern auch an Konzerten und Ausstellungen erfreuen.

März

Vasaloppet (1. Sonntag im März, Sälen–Mora, www.vasaloppet.se) – Der Vasalauf ist der längste Skimarathon der Welt mit Zehntausenden Teilnehmern. Startpunkt ist Sälen, Ziel das 90 km entfernte Mora in der mittelschwedischen Region Dalarna. Für Zuschauer ist der Lauf ein großes Volksfest.

Midsommar-Fest

April

Walpurgisnacht (30. April, www.skansen.se) – Die Walpurgisnacht wird überall in Schweden gefeiert. Touristen sind natürlich herzlich eingeladen mitzufeiern, z. B. im Stockholmer Freilichtmuseum Skansen.

Juni

Midsommar (Samstag zwischen 20. und 26. Juni) – Der längste Tag des Jahres wird im ganzen Land groß gefeiert. Für Feste mit traditionellen Trachten und Musik ist die Gegend rund um den Siljansee bekannt.

Juli

Stångaspelen (2. Wochenende im Juli, Gotland) – Bei den »Olympischen Spielen« archaischer Sportarten werden skurrilste Wettbewerbe wie etwa das Baumwerfen ausgetragen.

Bingsjöstämman (Sommer, Bingsjö bei Rättvik, www.bingsjostamman.se) – Eine der größten Folk-Veranstaltungen Skandinaviens beschert dem Dorf seit 1969 Besucher aus dem In- und Ausland.

August

Mittelalterwoche (Anfang August, Visby, www.medeltidsveckan.se) – In Gotlands Hauptstadt geben sich Gaukler, Händler und Musikanten in Mittelalterkostümen ein Stelldichein.

Ystad Jazz-Festival (Anfang August, Ystad, www.ystadjazz.se) – Zieht Fans fünf Tage lang mit über 40 Konzerten, Jam Sessions und einer Jazz Parade in seinen Bann.

Dezember

Weihnachtsmärkte In vielen Orten, z. B. in der Stockholmer Altstadt.

Luciafest (13. Dezember) – Im ganzen Land ziehen singende Mädchen mit Lichterkranz im Haar zu Ehren der hl. Lucia durch die Städte.

Haustiere

Wer Hund oder Katze mit in den Urlaub nehmen will, für den gelten innerhalb der EU – also auch bei der Einreise nach Schweden – einheitliche Formalien. Haustiere müssen mit einem **Mikrochip** gekennzeichnet und gegen Tollwut geimpft sein. Notwendiges Dokument für jedes Tier ist der **Heimtierpass**. Zudem muss die Einfuhr von Hund, Katze & Co. beim Grenzübertritt grundsätzlich beim **Zoll** angemeldet werden.

Information

Informationen zum Schwedenurlaub erteilt das Schwedische Fremdenverkehrsamt **VisitSweden** in Deutschland per E-Mail: info@visitsweden.com. Viele aktuelle Informationen und nüzliche Anregungen für Ihren Urlaub bekommen Sie auf der Website www.visitsweden.com (dort kann man auch Broschüren bestellen). Die Kontaktdaten des zuständigen **Tourismusbüros** vor Ort finden Sie in diesem Reiseführer am Anfang jedes Ortseintrags.

Klima und beste Reisezeit

Schweden hat rund ums Jahr großartige Naturerlebnisse zu bieten. Die schwedischen Sommer können sehr sonnig und relativ warm werden – **Temperaturen** um 30 Grad sind sogar in Nordschweden möglich. Doch es kann auch ganz anders kommen. In manchen Jahren klettert das Quecksilber selbst im Hochsommer kaum über die 20-Grad-Marke. Statistisch gesehen scheint in Schweden von Mai bis September die Sonne aber wesentlich öfter und länger als in Deutschland. Faszinierend sind skandinavische Sommer wegen der hellen Nächte, in denen die Abenddämmerung nahtlos ins Morgenrot übergeht. Die Mitternachtssonne scheint in Lappland von Anfang Juni bis Mitte Juli. Die **Sommerreisesaison** der Schweden beginnt Mitte Juni (nach Mittsommer) und reicht bis Mitte August. In dieser Zeit sind vor allem die Ferienregionen an der westschwedischen Küste sowie auf den Inseln Gotland und Öland gut gebucht. Für schwedische Verhältnisse wird es dann richtig voll an den Stränden. In den **Großstädten** Stockholm, Göteborg und Malmö geht es während der Sommerwochen ruhiger zu – wer die Städte quirliger erleben möchte, sollte also lieber einen anderen Zeitraum wählen.

Entspannt geht es vor Beginn der großen Sommerferien in den beliebten **Badeorten** zu. Bevor die Flut der Stadtbewohner hineinschwappt, sind die meisten Orte stille Dörfer am Meer, wo man im Frühsommer und Spätsommer einen erholsamen Urlaub verbringen kann.

Mitte September bis Mitte/Ende Oktober ist die richtige Zeit, um den **Herbst** in Südschweden zu erleben. Dann leuchtet das Laub in allen möglichen Rot- und Gelbtönen, »Indian Summer« in der skandinavischen Variante – und die Mücken haben sich auch bereits verabschiedet. Der November ist meist grau und düster – kein guter Reisemonat. Der Dezember lebt von der festlichen Stimmung der Jahreszeit – vielerorts locken dann stimmungsvolle Weihnachtsmärkte. Der **Winter** beschert Südschweden oft ein graues Schmuddelwetter, wie man es auch vom Norden Deutschlands kennt. In Mittel- und Nordschweden dagegen sind die Winter knackig kalt und schneereich – beste Voraussetzungen für Winteraktivitäten aller Art. Die spektakulären **Nordlichter**, die wie grüne Schleier über den Himmel der Polarkreisregion flackern, erhellen den Himmel im hohen Norden in der dunklen Jahreszeit. In Schweden sind die Bedingungen, Polarlichter zu beobachten, im September, Oktober und März besonders gut.

Klimatabelle Stockholm

Monat	Luft (°C) (min./max.)	Sonne (h/Tag)	Regentage	Wasser (°C)
Jan.	-2/2	3	17	3
Feb.	-3/2	2	13	1
März	-1/5	3	12	1
April	3/11	5	13	2
Mai	8/16	9	11	5
Juni	11/20	14	13	10
Juli	14/22	16	14	15
Aug.	14/21	16	14	15
Sept.	11/18	14	15	13
Okt.	7/12	12	16	10
Nov.	3/7	8	16	7
Dez.	1/4	5	17	4

Nachtleben

Nach Schweden reist man sicherlich nicht, um ein ausschweifendes Nachtleben zu genießen. Mit Ausnahme der **Mittsommerfeiern** geht es in den Ferienorten am Abend relativ geruhsam zu. Anderes gilt für **Stockholm**. Die Gegend um den Stureplan und der Stadtteil Södermalm sind die Zentren des schwedischen Nachtlebens. In Bars und Clubs vergnügt man sich bis in den Morgen. Am Einlass der Ausgehadressen bilden sich oft lange Warteschlangen – je edler und angesagter das Etablissement, desto penibler die Auslese der »richtigen« Gäste.

Notfall

Wählen Sie in Notfällen immer die gebührenfreie **Notrufnummer 112**. Unter dieser Nummer erhalten Sie Hilfe von Ärzten, Polizei oder Feuerwehr. ADAC Mitglieder können in Notfällen auch rund um die Uhr den Auslandsnotruf des ADAC unter Tel. +49/89/22 22 22 kontaktieren. Falls notwendig vermittelt der ADAC auch Dolmetscher.

Öffnungszeiten

In Schweden gibt es keine gesetzlichen Ladenöffnungszeiten. Wie lange **Geschäfte** ihre Türen offenhalten, ist regional daher recht unterschiedlich. In Großstädten kann man auch am späteren Abend noch shoppen, in ländlichen Gegenden läuten Ladenbetreiber beizeiten den Feierabend ein. **Kerngeschäftszeiten** sind montags bis freitags von 9 bis 18 Uhr, samstags bis 14 Uhr. Viele Supermärkte haben auch auf dem Land längere Öffnungszeiten und sind sogar am Sonntag einige Stunden für ihre Kundschaft da. **Banken** öffnen montags bis freitags von 9.30 bis 15 Uhr, donnerstags bis 18 Uhr.

Post

Postämter gibt es in Schweden nicht mehr, **Briefmarken** werden in Tankstellen, in Kiosken (»Pressbyrån«) und in Supermärkten von Postagenturen verkauft. Das normale Porto für einen Brief oder eine Postkarte in Länder Europas (außerhalb Skandinaviens) beträgt 26 SEK. Briefkästen gibt es häufig. Die blauen **Briefkästen** sammeln die regionale Post, für landesweite und internationale Post sind die gelben Briefkästen da.

Rauchen und Alkohol

In Schweden ist das **Rauchen** gesellschaftlich weit mehr geächtet als in Deutschland. Der blaue Dunst ist fast überall verboten – so z. B. in Restaurants, an Bushaltestellen, in öffentlichen Gebäuden. So manche Gemeinde macht sogar mit Schildern darauf aufmerksam, dass auch das Rauchen im Freien unerwünscht ist. In Hotelzimmern ist das Rauchen generell verboten, einige Hotelbesitzer belangen ihre Gäste bei Verstößen mit empfindlich hohen Gebühren für die Zimmerreinigung.

Der Zugang zum **Alkohol** ist in Schweden auf Restaurants und die staatlich kontrollierten Verkaufsstellen (»Systembolaget«) beschränkt. Trinken darf man alkoholische Getränke, wenn man den 18. Geburtstag hinter sich hat. Um ihn zu kaufen, muss man mindestens 20 Jahre alt sein. Alkohol in der Öffentlichkeit zu trinken, ist nur unter bestimmten Auflagen erlaubt. So dürfen Gäste eines Lokals ihren Wein zwar draußen trinken, doch müssen Terrasse oder Restaurantgarten durch einen Zaun vom öffentlichen Raum getrennt sein. Bier, Wein oder Härteres auf offener Straße zu trinken, ist verpönt und kann prinzipiell sogar polizeilich belangt werden.

Sicherheit

Schweden gilt gemeinhin als sicheres Reiseland. An stark frequentierten Touristenorten sind aber auch hier **Taschendiebe** unterwegs und in Großstädten kommt es hin und wieder vor, dass Autos aufgebrochen werden. Tragen Sie Portemonnaies und andere Wertsachen daher eng am Körper und lassen Sie sie nicht im Auto liegen. Diebstähle jeglicher Art sollten Sie bei der örtlichen Polizei anzeigen. Umfassende **Sicherheitshinweise** zum Reiseland Schweden gibt die Website des Auswärtigen Amtes www.auswaertiges-amt.de.

Sport

Angeln

Am Meer darf jeder ohne Gebühr und Bürokratie die Angel auswerfen. Wer sein Glück an den schwedischen Seen und Flüssen versuchen will, benötigt eine »Fiskekort«, einen **Berechtigungsschein**, den man bei den örtlichen Touristenbüros, im Hotel oder beim Campingplatzbetreiber bekommt. Über die Preise in den verschiedenen Angelrevieren des Landes kann man sich im Internet unter www.fiskekort.se informieren. Für einen längeren Urlaub lohnt eine Jahreskarte (im Durchschnitt 500 SEK).

Fahrrad

In Schweden kann man sehr gut Radtouren unternehmen. In allen Teilen des Landes gibt es ausgewiesene Fahrradrouten. Auf den **Euro Velo Routes** 10 und 11 gelangt man von Stockholm bis nach Lappland (www.eurovelo.com). Über regionale Radwanderstrecken informieren die Touristenbüros.

Durch das grüne Värmland z. B. führen auf insgesamt 220 km die **Klarälvsbanan** bzw. der Klarälvsleden (www.klaralvsbanan.se). Trekking- und Mountainbike-**Verleihe** findet man in den größeren Städten. Nützliche Tipps für **Fahrradferien** hat die Tourismusbehörde auf ihrer Website zusammengestellt: www.visitsweden.de/aktivitaten/natur-outdoor/radfahren.

Golf

Golf ist in Schweden nichts Elitäres, sondern **Volkssport**. Knapp 500 Clubs und zahlreiche offene Plätze laden zum Sport mit dem kleinen Ball. Gegen eine vergleichsweise moderate Greenfee-Gebühr sind Gastspieler überall willkommen. Ein besonderes Erlebnis ist das Golfen unter der Mitternachtssonne im Norden Schwedens. Wo sich die Greens befinden, erfährt man unter www.golfkartan.se, der schwedische Golfverband präsentiert sich unter www.golf.se.

Kanu und Kajak

Schweden mit seinen Seen, Flüssen, Küsten und Schären ist das ideale Land für Urlaubsaktivitäten auf dem Wasser. Der schwedische Kanuverband gibt auf seiner Internetseite eine Übersicht über Verleihstellen und Routen (www.kanotguiden.com/en). Der schwedische Teil **Lapplands** lockt Kanuten und Kajakfahrern mit unberührter Wildnis – mit Flüssen, die sich ihren Weg durch enge Schluchten und durch endlose arktische Weiten und Sumpfgebiete bahnen. Am bekanntesten sind der Torneälv und der Kalixälv. Auch **Värmland** im Westen Schwedens ist mit seinen ausgedehnten Wäldern und tausenden Seen als Eldorado für Kanuten und Kajakfahrer bekannt. Der Klaraälv, Schwedens längster Fluss, bahnt sich seinen Weg durch die gesamte Provinz, bevor er in den Vänersee, einen der größten Seen Europas, mündet. Auf der Website www.swedishlapland.com finden sich Anregungen, Tourenvorschläge und auch Anbieter von geführten Kajaktouren. Ein grandioses Revier für **Seekajakfahrer** ist der Kosterhavet Meeresnationalpark, ein 450 km² großes Naturschutzgebiet an der schwedischen Westküste. Wer nicht auf eigene Faust lospaddeln will, kann mit erfahrenen Guides auf Tages- oder Mehrtagestour gehen. Angebote etlicher Veranstalter finden sich unter www.vastsverige.com/de/Naturerlebnisse_und_Outdoor_Aktivitaten/paddeln

Wandern

Wandern gehört zu den Lieblingsaktivitäten vieler Schweden und Schwedenurlauber, kein Wunder also, dass es in fast allen Gebirgsregionen eine vorbildliche **Infrastruktur** mit markierten Wanderwegen und Hütten gibt.
Hunderte Wanderwege und Fernwanderwege führen durch die Kulturlandschaften und Nationalparks des Landes. Hütten und Rastplätze liegen zumeist in Tagesetappendistanz, für Proviant – auch unterwegs – müssen Wanderer selbst sorgen, ein gastronomisches Netz wie in den Alpen darf man in Schweden auf keinen Fall erwarten.
Eine ordentliche **Wanderkarte** sollte man immer zur Hand haben, auch wenn die meisten Wege gut beschildert sind. Der bekannteste **Fernwanderweg** ist der »Kungsleden« (Königspfad), der von Abisko in Lappland mit Unterbrechungen bis Hemevan führt. Hier fängt die **Wandersaison** nach

Mittsommer an und reicht bis in den September hinein. In allen Hütten entlang des Kungsleden sieht ein Hüttenwart nach dem Rechten, man bekommt warme Mahlzeiten und kann sich sogar mit Proviant eindecken. Eine Übersicht über Hütten und ihre Saisonzeiten gibt es auf der Internetpräsenz von Svenska Turistföreningen www.swedishtouristassociation.com. Hoch im Norden, in der wilden, einsamen Weite des Sarek-Nationalparks, sind Wanderer dagegen auf sich allein gestellt – sicherer Umgang mit Kompass und Karte, eine hervorragende Kondition und viel Wandererfahrung sind hier absolut vonnöten.

Wintersport

Traditionell ist Schweden **Langlaufrevier**, gespurte Loipen gibt es quasi allerorten. Aber auch Abfahrtlauf wird immer beliebter. Vor allem in Mittel- und Nordschweden gibt es zahlreiche Wintersportzentren mit Liftanlagen und Pisten unterschiedlicher Schwierigkeitsgrade. Zu den größten gehören Idre Fjäll in Mittel- und Åre in Nordschweden.

Strom und Steckdose

Stromspannung und Stecker in Schweden entsprechen europäischen Standards (50Hz, 220 Volt), Adapter sind nicht erforderlich.

Telefon und Internet

Die Vorwahl für Schweden vom Ausland aus ist 0046, danach wird die Ortsvorwahl ohne 0 und dann die Teilnehmernummer gewählt. Ruft man innerhalb Schwedens einen schwedischen Anschluss an, wählt man die 0 vor der Ortsvorwahl mit. Wer von Schweden aus in Deutschland (Schweiz/Österreich) anrufen möchte, wählt 0049 (0041 für die Schweiz, 0043 für Österreich), dann die Ortsvorwahl ohne 0 und schließlich die Nummer des Teilnehmers. **Mobil** kann man fast überall in Schweden problemlos telefonieren. Die Deckung mit **Mobilfunknetzen** ist in Südschweden nahezu hundertprozentig. In Nordschweden hat man entlang der großen Straßen und an der Küste fast überall Empfang, in unbewohnten Gegenden ist das nicht immer der Fall.

Die meisten Flughäfen, Bahnhöfe und Hotels im Land bieten **Hotspots** für kostenlosen Internetzugang an. In fast allen Hotels können sich Gäste kostenlos ins WLAN-Netz einwählen. Auch in vielen Cafés können Kunden gratis surfen.

Trinkgeld

Trinkgeld ist in Schweden nicht so verbreitet und wird nicht erwartet. Eine nette Geste ist es trotzdem, Beträge aufzurunden und ein paar Kronen auf dem Tisch liegen zu lassen.

Unterkunft

Hotels

In den großen Städten ist die Hoteldichte hoch, die **Zimmerpreise** sind es meist auch. Die Hauptklientel vieler Hotels in schwedischen Städten sind Geschäftsreisende. Davon kann man als Tourist profitieren, denn wenn die Business-Kundschaft ausbleibt, sinken die Preise – d. h. an Wochenenden und im Hochsommer. Ein jährlich aktualisiertes Hotelverzeichnis bekommt man bei VisitSweden (S. 177).

Camping

Campingplätze findet man in Schweden fast überall. 500 Campingplätze mit 75 000 Stellplätzen und 9000 Ferienhäusern und -hütten gehören dem SCR, dem schwedischen Campingverband, an. Wer auf einem Campingplatz übernachten will, braucht den **»Camping Key Europe«**. Diese Karte kann man für 199 SEK unter www.camping.se bestellen. Mitglieder des ADAC können den »Camping Key Europe« auch beim ADAC für 12 € bekommen. Dieser gilt für ein Jahr und bietet zusätzlich Ermäßigungen beim Besuch von Sehenswürdigkeiten und bei Fährüberfahrten. Viele schwedischen Campingplätze sind ganzjährig geöffnet. Das schwedische **Jedermannsrecht** erlaubt auch das »wilde« Zelten außerhalb von Plätzen.

Ferienhaus

Das Angebotsspektrum vom eigenen Schwedenhäuschen auf Zeit ist breit gefächert, es reicht von der bescheidenen Unterkunft ohne fließendes Wasser (dafür manchmal mit traumhaftem Seeblick) bis zur Villa mit Whirlpool und Veranda. In der Nebensaison können die **Tourismusbüros vor Ort** eigentlich immer Ferienhäuser vermitteln, dennoch empfiehlt es sich, allein schon wegen der größeren Auswahl, bereits von zu Hause aus zu buchen. Preislich schneidet man dabei meist besser ab. Selbstverständlich haben die großen **Anbieter** – z. B. www.novasol.de oder www.fewo-direkt.de oder www.besuchschweden.de – Häuser in Schweden im Programm.

Vandrarhem

Die schwedische Variante der **Jugendherberge** steht allen Altersgruppen offen und ist eine preiswerte Alternative zum Hotelzimmer. Eine Mitgliedschaft im Jugendherbergsverband ist nicht notwendig, wird aber mit Preisnachlässen honoriert. Eine Liste aller Herbergen findet sich unter www.svif.se.

Verkehrsmittel im Land

Auto

Schweden ist groß und weitgehend dünn besiedelt. Das Auto ist daher das ideale Verkehrsmittel, um das Land im eigenen Reiserhythmus zu erkunden. Das **Straßennetz** ist gut ausgebaut, Straßengebühren werden – abgesehen von der Citymaut in Stockholm und Göteborg, sowie jeweils einer Brücke bei Motala und Sundsvall – nirgends verlangt, Verkehrsstaus sind sehr selten, das Fahren auf Autobahnen dank Tempolimit und guter schwedischer Umgangsformen meist entspannt und auch mit Wohnmobil oder Wohnwagen im Schlepp können die meisten Straßen ohne größere Probleme befahren werden. Das **Tanken** sollte man in dünn besiedelten Gegenden nicht hinauszögern.

Bahn und Bus

Auch mit dem **Zug** kommt man gut durch die allermeisten Regionen des Landes, das Schienennetz ist sehr gut ausgebaut, auch modernste Hochgeschwindigkeitszüge verkehren auf den Hauptstrecken, die Stockholm z. B. mit Malmö, Karlstad, Falun oder Östersund sowie Göteborg mit Malmö verbinden. **Bahnfahrkarten** bucht man am besten vor dem Fahrtantritt online: www.sj.se. Orte jenseits des Streckennetzes verbinden **Überlandbusse**. Bei der Suche nach den optimalen Verbindungen für die geplante Reiseroute hilft die praktische Webseite von www.raileurope.com.

Ein besonderes Erlebnis ist die Fahrt mit der nostalgischen **Inlandsbanan**. Im Sommer verbindet sie Mora im Süden mit dem nordschwedischen Gällivare. Fahrplan und Reservierungen: inlandsbanan.se.

Fähren und Schiffe

Wasserstraßen spielen in Schweden eine große Rolle. Ein dichtes Verbindungsnetz führt durch die **Schärengärten** von Stockholm und Göteborg. Zwischen der Insel **Gotland** und dem Festland pendeln regelmäßig Fähren ab Nynäshamn und Oskarshamn. Ganz geruhsam kann man bei einer Schifffahrt auf dem **Götakanal** ein Stück Schweden kennenlernen. Von Mitte Mai bis Mitte September verkehren die Kanalschiffe ab Söderköping (südlich von Stockholm) und Göteborg. Vier Tage braucht man für die Strecke. Infos unter www.gotakanal.se.

Mit dem Rad

Im Sommer lassen sich weite Teile Schwedens wunderbar mit dem Rad entdecken. Zu den großen **Fernradwanderwegen** zählt der »Sverigeleden« (Schwedenroute), der von Helsingborg bzw. Ystad im Süden bis nach Karesuando im hohen Norden führt. Infos dazu unter www.svenska-cykelsallskapet.se/cykelturism/sverigeleden. In den meisten **Zügen** müssen Räder, ordnungsgemäß verpackt, als Gepäck aufgegeben werden. In der Inlandsbanan (S. 183) können Räder so mitgenommen werden. Auch **Fähren** machen es Radfahrern leicht, die meisten nehmen Räder umsonst mit. Weitere Auskünfte zum Fahrradtransport in den schwedischen öffentlichen Verkehrsmitteln erteilt der Radfahrerverband Cykelfrämjandet (www.cykelframjandet.se).

Mietwagen

An den **Flughäfen** und in **größeren Orten** sind Autovermieter vertreten. Wer einen Wagen mieten möchte, muss bei den meisten Firmen mindestens 19 Jahre alt und seit zwei Jahren Inhaber eines Führerscheins sein. Meist verlangen die Anbieter von Fahrern unter 26 Jahren einen Preisaufschlag. Zusatzkosten fallen im **Winter** für Schneeketten an. Es lohnt sich, schon zu Hause Preise zu vergleichen, z. B. beim Portal www.billiger-mietwagen.de. ADAC Mitglieder können beim Anmieten von Pkw, Wohnmobilen oder Motorrädern von den günstigen Bedingungen der ADAC Autovermietung profitieren. Buchungen über adac.de/autovermietung oder über die Geschäftsstellen in Deutschland, Tel. 089/76 76 20 99.

Zeitverschiebung

In Schweden gilt wie in Deutschland die Mitteleuropäische Zeit (MEZ).

Zollbestimmungen

Reisende aus EU-Ländern dürfen für privaten Gebrauch folgende Mengen zollfrei einführen: 90 l Wein, 110 l Bier, 10 l hochprozentige Spirituosen. Wer mehr einführt, muss nachweisen, dass er nicht gewerblich tätig ist. Für Reisende aus Nicht-EU-Ländern (z. B. Schweiz) gelten Höchstmengen (2 l Wein, 200 Zigaretten). Infos auf www.swedenabroad.com. Bei der Ausreise können sich Nicht-EU-Bürger einen Teil der MwSt. erstatten lassen.

Die Geschichte Schwedens

Ab 10 000 v. Chr. Menschen siedeln auf dem Gebiet des heutigen Schweden.

Ca. 1500 v. Chr. In der Bronzezeit besteht Handels- und kultureller Austausch mit anderen Regionen Europas.

Um 900 n. Chr. Die schwedischen Wikinger gelangen bei Handelsreisen nach Russland bis zum Kaspischen Meer.

1008 Olof Skötkonung lässt sich als erster schwedischer König taufen, die ersten christlichen Missionare gab es bereits seit dem 9. Jh.

13. Jh. Schweden weitet seinen Herrschaftsbereich auf Teile Finnlands aus.

14. Jh. Schweden verliert Schonen und Gotland an Dänemark.

1397 In der Kalmarer Union vereinen sich die Königreiche Schweden, Dänemark und Norwegen unter dänischer Führung.

1520 Der schwedische Adel begehrt gegen den dänischen König Christian II. auf. Durch einen Volksaufstand wird er aus Schweden vertrieben.

1523 Gustav Vasa wird König – das Ende der Kalmarer Union ist besiegelt.

1527 Der König führt die Reformation ein. Schweden wird protestantisch.

1630 Schweden greift in den Dreißigjährigen Krieg ein; es ist 1648 führende Macht in Nordeuropa.

1700–1721 Großer Nordischer Krieg gegen Russland, Sachsen-Polen und Dänemark, Schwedens Vorherrschaft über den Ostseeraum endet.

19. Jh. Im Zuge der Napoleonischen Kriege gerät Schweden auf die Verliererseite und muss 1809 Finnland an Russland abtreten. Seit 1814, dem Ende der Napoleon-Kriege, hat sich das Land nie wieder an einem Krieg beteiligt.

20. Jh. Im Zweiten Weltkrieg verhindert das neutrale Land die deutsche Besatzung durch Zugeständnisse an Hitler.

Nach 1945 Schweden verpflichtet sich außenpolitisch zur Neutralität, innenpolitisch beginnt der Aufbau eines Wohlfahrtsstaates.

1986 Die Ermordung des sozialdemokratischen Ministerpräsidenten Olaf Palme erschüttert die Gesellschaft.

1995 Schweden wird Mitglied der EU.

2003 Die Schweden lehnen den Beitritt zur Eurozone ab.

2014/2015 Während der europäischen Flüchtlingskrise nimmt Schweden von allen EU-Ländern im Verhältnis zur eigenen Einwohnerzahl die meisten Hilfesuchenden auf.

2016 Schweden führt vorübergehend wieder Passkontrollen ein.

2018 In Schweden findet weltweit das erste Musikfestival für Frauen statt.

2020–2022 Auch Schweden ist von der Corona-Pandemie stark betroffen. Es gibt jedoch vergleichsweise wenige Einschränkungen des öffentlichen Lebens. So bleiben Schulen geöffnet.

König Gustav Vasa (1496–1560)

Schwedisch für die Reise

Das Wichtigste in Kürze

In Schweden gebraucht man im Allgemeinen die Anrede »du«.

ja/nein	*ja/nej*
bitte/danke	*var snäll och/tack*
Hallo!/Tschüß!	*hej!/hej då!*
Guten Morgen!/ Guten Tag!	*god morgon!/ god dag!*
Guten Abend!/ Gute Nacht!	*god kväll!/ god natt!*
Mein Name ist ...	*jag heter ...*
Entschuldigung!	*ursäkta!*
Achtung!/Vorsicht!	*se upp!/varning!*
Ich verstehe Dich nicht.	*jag förstår inte vad du säger.*
Wie viel kostet ...?	*vad kostar ...?*
geöffnet/geschlossen	*öppet/stängt*
gestern/heute/ morgen	*i går/i dag/i morgon*
Wie viel Uhr ist es?	*vad är klockan?*
Wie weit ist ...?	*hur långt är det ...?*
Ist das der Weg nach ...?	*är det vägen till ...?*
Nord/Süd/West/Ost	*norr/söder/väster/öster*
Ich möchte ...	*jag skulle vilja ...*
Die Rechnung, bitte!	*notan, tack!*
Restaurant	*restaurang*
Auto	*bil*
Tankstelle	*bensinstation*
Benzin/bleifrei/ Super/Diesel	*bensin (95 oktan)/ blyfri/98 oktan/diesel*
Panne	*motorstopp*
Hilfe!	*hjälp!*
Fahrrad	*cykel*
Hauptbahnhof	*centralstation*
Busbahnhof	*busstation*
Flughafen	*flygplats*
Pass/Personalausweis	*pass/legitimation*
Bank/Geldautomat	*bank/bankomat*
Arzt	*läkare*
Apotheke	*apotek*
Lebensmittelgeschäft	*livsmedelsbutik*
Tourismusbüro	*turistbyrå*

Wochentage

Montag/Dienstag	*måndag/tisdag*
Mittwoch/Donnerstag	*onsdag/torsdag*
Freitag/Samstag	*fredag/lördag*
Sonntag	*söndag*

Monate

Januar/Februar	*januari/februari*
März/April	*mars/april*
Mai/Juni	*maj/juni*
Juli/August	*juli/augusti*
September	*september*
Oktober	*oktober*
November	*november*
Dezember	*december*

Zahlen

1	*ett*	9	*nio*
2	*två*	10	*tio*
3	*tre*	11	*elva*
4	*fyra*	12	*tolv*
5	*fem*	20	*tjugo*
6	*sex*	21	*tjugoett*
7	*sju*	100	*(ett) hundra*
8	*åtta*	1000	*(ett) tusen*

Hinweise zur Aussprache

å	wie ›o‹, Bsp.: två
o	wie im Deutschen, manchmal auch wie ›u‹, Bsp.: god
u	wie ›ü‹, Bsp.: ett hundra
dj, gj, hj, lj	wie ›j‹, Bsp.: adjö, hjälp
g	vor e, i, y, ä, ö ebenfalls wie ›j‹, Bsp.: adjö, hjälp
k, kj, tj	vor e, i, y, ä, ö wie ›ch‹ in ›ich‹ (stimmlos), Bsp.: kilometer
rs	wie ›sch‹, Bsp.: ursäkta
sj	wie ›sch‹, Bsp.: sjutton
sk	am Wortanfang wie ›sch‹, Bsp.: skicka
... tion	wie ›schun‹, Bsp.: station
tj	wie ›sch‹, Bsp.: tjugo
v	wie ›w‹, Bsp.: vad

Register

Bildnachweis

Titel: Rotes Holzhaus, Käringön
Foto: **stock.adobe.com** (crimson)
Rücktitel: Abendsonne am See
Foto: **stock.adobe.com** (Alexander Gramlich)

Ájtte Museum: Maria Klang 163 – **Alamy:** Frank Chmura 22; Johner Images 26 – **AWL Images:** M. Bottigelli 10/11, 66/67; Nordic Photos 18; M. Abreu 62.1; P. Adams 58/59; C. Kober/J. Warburton-Lee Photography 160 – **dpa:** Picture-Alliance/Scanpix Britt-Marie Trensmar 37; Picture-Alliance/Pressensbild Andersson 38.1, Picture-Alliance/Rolf Vennenbernd 38.2 – **gemeinfrei:** 184 – **getty images:** hemis.fr/BERTHIER Emmanuel 21; iStock/Getty Images Plus/Arsty 44 – **Göteborg & Co:** F. Winter 120 – **Huber Images:** M. Goslin 60.2; M. Rellini 72; C. Bäck 79, 116/117, 131; G. Gräfenhain 115 – **imagebank.sweden.se:** Synöve Borlaug Dufva 8/9; P. Bifrost 9.1, 176; F. Broman 9.2; Per Pixel Petersson 14/15; Patrik Svedberg 16/17; Miriam Preis 20; Alexander Hall 28; Lola Akinmade Åkerström 42; M. Dahlstrand 60.1; A. Nilsson 101; J. Willner 143; Friluftsbyn Höga Kusten 149.2; J. Wiklund 101.3; H. Trygg 101.4; Hans-Olof Utsi 167; Apelöga 192 – **Jahreszeiten Verlag:** 62.2, 63.3, 94/95, 98, 102, 106, 109, 110, 135 – **laif:** Y. Levy/robertharding 76; S. Braun 137; B. Rieger/hemis.fr 154 – **Livrustkammaren:** Göran Schmidt 46 – **Lookphotos:** Nordic Photos 24; age fotostock 45.1; Franz Marc Frei 57; Franke-Hofstetter 81; C. Bäck 86; robertharding 123; O. Meinhardt 12/13, 124 – **mauritius images:** Johnér 29, 152; travelpix/Alamy 30; imageBROKER/Konrad Wothe 31; imageBROKER/Torsten Becker 55; C. S. Pereyra 65; W. Nystrand 82/83; IsKa/Alamy 91; O. Förstner/Alamy 93.1; O. Krüger 127; Utterström Photography/Alamy 128; G. Kirsch/Alamy 132; Meritzo/Alamy 139.1; F. van Wijk/Alamy 139.2; J. Humbert 139.3; Leuntje/Alamy 140; R. Bordoni 101.1; C. Kober/Alamy 159.1, 164; Arctic-Images 166 – **Shutterstock.com:** Conny Sjostrom 2; Magnus Binnerstam 2/3, 56; Peter Fuchs 3.1; TTphoto 3.2; almgren 19; Maria-Kovaleva 23; Ossile 25; kristerleon 27; Heracles Kritikos 32; Stefan Holm 33; Mulevich 34; katatonia82 35; Anna Andersson Fotografi 36; SvetlanaSF 39; bildfokus.se 40; Sussi Hj 41; Robert Nyholm 43; AFP/BEN STANSALL 45.2; Sophie McAulay 48; Michael715 50; Kennerth Kullman 54; O. Miltsova 89; Piotr Wawrzyniuk 93.2; RPBaiao 105 – **stock.adobe.com:** Friedberg 11; Kerstin 51; Volker 52 – **Tuukka Ervasti:** 61.1 – **Volvo Car Group:** 47

Markenlizenz der ADAC Medien und Reise GmbH, München

ISBN 978-3-98645-053-3

3., unveränderte Auflage Dezember 2025

Autoren: Susanne Kilimann, Rasso Knoller
Redaktion: Juliane Helf, Susanne Kronester-Ritter
Lektorat und Satz: Oliver Kiesow,
Thomas Rach, www.bintang-berlin.de
Reihengestaltung: Eva Stadler, München;
Independent Medien Design, Horst Moser,
München
Kartografie: Kunth Verlag GmbH & Co. KG,
München, Huber Kartographie GmbH,
www.kartographie.de
Herstellung: Felix Robitsch, Mendy Willerich
Druck + Bindung: Drukarnia Dimograf Sp z o. o.
(Polen)

Wichtiger Hinweis

Die Daten und Fakten für dieses Werk wurden mit äußerster Sorgfalt recherchiert und geprüft. Wir weisen jedoch darauf hin, dass diese Angaben häufig Veränderungen unterworfen sind und inhaltliche Fehler oder Auslassungen nicht völlig auszuschließen sind. Für eventuelle Fehler oder Auslassungen können Gräfe und Unzer, die ADAC Medien und Reise GmbH sowie deren Mitarbeiter und die Autoren keinerlei Verpflichtung und Haftung übernehmen. Alle Inhalte im Buch wenden sich an und gelten für alle Geschlechter (w/m/d). Soweit grammatikalisch männliche, weibliche oder neutrale Personenbezeichnungen verwendet werden, dient dies allein der besseren Lesbarkeit.

Ansprechpartner für den Anzeigenverkauf:

KV Kommunalverlag GmbH & Co. KG,
MediaCenter München, Tel. 089/928 09 60

Bei Interesse an maßgeschneiderten B2B-Produkten:

b2b-kontakt@graefe-und-unzer.de

Leserservice

GRÄFE UND UNZER Verlag
Grillparzerstraße 8
81675 München
www.gu.de/kontakt | hallo@gu.de

Umwelthinweis

Nachhaltigkeit ist uns sehr wichtig. Der Rohstoff Papier ist in der Buchproduktion hierfür von entscheidender Bedeutung. Daher ist dieses Buch auf PEFC-zertifiziertem Papier gedruckt. PEFC garantiert, dass ökologische, soziale und ökonomische Aspekte in der Verarbeitungskette unabhängig überwacht werden und lückenlos nachvollziehbar sind.

Unterwegs in Schweden

Bahn

Schweden verfügt über ein gut ausgebautes Eisenbahnnetz. Nördlich von Stockholm werden die Strecken rarer. Ab Östersund gibt es nur noch eine Route, die via Kiruna über die norwegische Grenze führt. Auf der Website www.sj.de stehen Verbindungen. Im Sommer verkehrt die nostalgische Inlandsbanan auf der Strecke zwischen Kristinehamn und Gällivare.

■ Details auf S. 182, inlandsbanan.se

Fahrrad

In den Sommermonaten ist Schwedens Landschaft herrliches Terrain für abwechslungsreiches Radwandern. Ob »Kattegattleden« in Küstennähe, »Mälardalsleden« um den Mälarsee oder die große Schwedenroute: Für reichlich Strecke ist gesorgt.

■ Details auf S. 183, www.visitsweden.de

Mietwagen

Am flexibelsten sind Urlauber mit dem Pkw. In größeren Städten und Ferienzentren sind internationale und regionale Anbieter von Mietwagen vertreten. Angebote kann man auf www.billiger-mietwagen.de vergleichen. Für ADAC Mitglieder bietet die ADAC Autovermietung GmbH günstige Konditionen, Buchungen über adac.de/autovermietung oder Tel. 089/76762099.

■ Details auf S. 183

Schiffe

Schiffe und Fähren sind im wasserreichen Schweden beliebte Verkehrsmittel, für die man allerdings Zeit braucht. Bei einer Reise auf dem Götakanal (www.gotacanal.se) oder auf den großen Seen Mittelschwedens ist der Weg das Ziel. Infos gibt's bei den örtlichen Touristenbüros.

■ Details auf S. 183

Reisen in Corona-Zeiten

Liebe Leserin, lieber Leser, durch die langen pandemiebedingten Einschränkungen im Hotel- und Gastronomiegewerbe können wir nicht ausschließen, dass einige der im Buch empfohlenen Adressen zum Zeitpunkt Ihrer Reise nicht mehr aktuell sind. Wenn Sie trotz unserer Bemühungen um Aktualität eine solche Adresse finden, teilen Sie uns diese bitte mit. Wir belohnen jede in die nächste Auflage aufgenommene Korrektur mit **einem kostenlosen Reiseführer Ihrer Wahl**. Zuschriften bitte an: adac@graefe-und-unzer.de